Nancy Leigh DeMoss

Der Schlüssel zur Freude

Wie eine dankbare Haltung Ihr Leben verändert

Nancy Leigh DeMoss

Der Schlüssel zur Freude

Wie eine dankbare Haltung Ihr Leben verändert

Nancy Leigh DeMoss
Der Schlüssel zur Freude
Wie eine dankbare Haltung Ihr Leben verändert

Best.-Nr. 271 477
ISBN 978-3-86353-477-6

Titel des amerikanischen Originals:
Choosing Gratitude

This book was first published in the United States by Moody Publishers, 820 N. LaSalle Blvd., Chicago, IL 60610 with the title **Choosing Gratitude**

Soweit nicht anders vermerkt, wurde die folgende Bibelübersetzung verwendet:
Revidierte Elberfelder Bibel © 1985/1991/2008 SCM R.Brockhaus
im SCM-Verlag GmbH & Co. KG, Witten
Darüber hinaus wurde die folgende Übersetzung verwendet:
NeÜ bibel.heute, © Karl-Heinz Vanheiden, www.kh-vanheiden.de (NeÜ)

3. Auflage 2018

www.cv-dillenburg.de
Übersetzung: Michelle Träger
Satz und Umschlaggestaltung: Christliche Verlagsgesellschaft Dillenburg
Umschlagmotive: © Ambelino/Shutterstock
Schlüssel an den Kapitelanfängen: © Monash/Shutterstock
Druck: CPI Books GmbH, Leck
Printed in Germany

Inhalt

Vorwort:
Bevor Sie beginnen 10

Einführung
Gott lädt Sie zur Veränderung ein 14

Kapitel 1
Die Macht der Dankbarkeit 21

Kapitel 2
Schuld, Gnade und Dankbarkeit 34

Kapitel 3
Nein danke! 52

Kapitel 4
Warum Sie sich für die
Dankbarkeit entscheiden sollten 72

Kapitel 5
Von Nörglern und Anbetern 92

Kapitel 6
Wie kann ich Danke sagen? 116

Kapitel 7
Danke ... für alles 135

Kapitel 8
Jedoch nicht ohne Opfer 152

Kapitel 9
Auf dem Weg zur Dankbarkeit 174

Ein persönliches Nachwort
Für alle diejenigen, die sagen:
„Ich kann einfach nicht für alles dankbar sein!" . . 195

In der Dankbarkeit wachsen
Andachtsteil für 30 Tage 201

Ein Dankgebet 278

Anhang 280

Worte des Dankes, die von Herzen kommen 282

Dankbarkeit

Du, der mir so viel gegeben hast,
gib mir nur noch eins – ein dankbares Herz ...

... ich rufe und rufe immer wieder.
In keiner Stille kannst du sein,
bis ein dankbares Herz dich findet ...

Nicht dann dankbar zu sein, wann ich es will,
als würde dein Segen jemals eine Pause machen,
sondern ein Herz,, das durch dein Lob angeschlagen wird ...

George Herbert (1593-1633)

Mein besonderer Dank gilt...

Byron Paulus, Geschäftsführer von *Life Action Ministries.*

Eine der größten Freuden in meinem Leben kam während der letzten 30 Jahre durch den Segen im gemeinsamen Dienst für *Revival* von *Life-Action*-Team mit dir und Sue sowie Greg Thornton, stellvertretender Leiter und Verleger für Moody Publishers.

Es ist ein Vorrecht für mich, seit mehr als zehn Jahren mit dir und dem Moody-Team an der Entstehung von bisher insgesamt zehn Büchern zusammenzuarbeiten. Ihr seid zwei besondere Freunde und Mit-Diener. Ich danke dem Herrn für eure weise Leiterschaft und eure Ratschläge, für eure Gebete und Ermutigungen, die mir immer wieder helfen, in der Spur zu bleiben und dadurch eine fruchtbare Dienerin Christi zu sein.

Erst die Ewigkeit wird zeigen, wie viele Herzen erneuert und wie viele Leben verändert wurden aufgrund eures demütigen und treuen Dienstes für Christus.

Soli Deo Gloria!

Vorwort
Bevor Sie beginnen

So viele Menschen tun so viele Dinge für mich oder an mir – da ich querschnittsgelähmt bin, brauche ich immer jemanden, der mir aus dem Bett hilft, mir den Kaffee einschenkt, mich anzieht, meine Haare frisiert, meine Zähne und Nase putzt … und schnell habe ich ein „Danke" auf den Lippen. Das meine ich auch ganz ehrlich.

Hinzu kommt, dass ich es besonders oft ausspreche. Ich erinnere mich daran, wie meine leitende Assistentin Judy einmal zu mir ins Büro kam und mich bat, ihr zehn Dollar zu leihen. Da ich in dem Moment so beschäftigt war, sagte ich gedankenlos, sie solle sich den Schein aus meinem Portemonnaie holen. Als ich den Verschluss zuschnappen hörte, sagte ich mit fröhlicher Stimme „Danke schön!". Eine Freundin, die dabeistand, fragte sofort: „Sag mal, wieso bedankst du dich bei ihr? Sie sollte *dir* danken!" Nun, ich denke, ich bin einfach darauf programmiert, meinen Mitmenschen immer wieder meine Dankbarkeit zum Ausdruck zu bringen.

Ich wünschte, wir würden es mit unserem Herrn Jesus ebenso handhaben. Wären wir doch nur besser auf Dankbarkeit „programmiert" – und das nicht nur unseren Mitmenschen gegenüber – und würden ihm im Laufe des Tages zahlreiche Dankgebete nach oben schicken. Doch traurigerweise herrscht in unseren Herzen oft eine Leere, wo Dankbarkeit sein sollte, oder sogar regelrechte Undankbarkeit. Das kann uns Angst machen. Eine undankbare Haltung hat ernstzunehmende Folgen. Lesen wir nur einmal das erste Kapitel des Römerbriefes. Wenn schon vor einigen Jahrhunderten das Fehlen von Dankbarkeit ganze Generationen ruiniert hat, wie sieht es dann heute bei uns aus? Sie und ich dürfen Gott besser kennen als die Menschen, denen sich Gott nur durch die Schöpfung geoffenbart hatte. Wir haben viel mehr Grund, ihm zu danken!

Deshalb konnte ich die meiste Zeit meines Lebens als Querschnittsgelähmte Danke sagen. Nicht nur „in allem", wie die Bibel sagt, sondern auch „allezeit für alles dem Gott und Vater" (1. Thessalonicher 5,18; Epheser 5,19-20). Die meisten von uns können Gott für seine Gnade, seinen Trost und seine stärkende Kraft *in* der Versuchung danken; aber wir danken ihm nicht *für* das Problem, durch das wir seine Nähe suchen.

Im Laufe der vielen Jahrzehnte, die ich nun schon im Rollstuhl verbringe, habe ich gelernt, meinen Retter nicht losgelöst von meinem Leiden, das er zulässt, zu sehen. Es ist ja nicht so, als sei ein gebrochenes Genick – oder vielleicht in Ihrem Fall, ein gebrochener Fuß, ein gebrochenes Herz oder eine zerbrochene Familie –„Zufall", damit Gott dann auftaucht und aus allem noch etwas Gutes hervorbringt. Nein, der Gott der Bibel ist mehr. Viel, viel mehr!

Und so ist es auch mit unserer Seele. Es mag sein, dass ich diesen Rollstuhl anfangs als Tragödie empfunden habe, dennoch danke ich Gott in diesem Rollstuhl, ich bin dankbar für meine Querschnittslähmung. Sie ist ein heilsamer Segen. Ein makaberes Geschenk. Sie ist mein Schatten, der mich tagtäglich begleitet und der mich in die Arme meines Retters schiebt und zieht. Denn dort ist die Freude!

Das ist es, was meine Freundin Nancy Leigh so treffend in ihrem wertvollen Buch *Der Schlüssel zur Freude* deutlich macht. Und es muss dringend deutlich gesagt werden! Es ist immer wieder schwer, an Dankbarkeit festzuhalten; es ist schwierig, sich zu freuen, wenn man unerträgliche Schmerzen aushalten muss oder bodenlos enttäuscht wird. Aber genau hier kann Nancy Ihnen eine großartige Hilfe sein, denn sie versucht immer wieder, Gott nicht losgelöst von dem Leid zu sehen, das er in ihrem Leben zulässt. Sie zeigt den Zusammenhang zwischen Dankbarkeit und Freude auf. Durch ausgewählte Bibelstellen und persönliche Erfahrungen führt sie Sie Schritt für Schritt, damit auch Sie die himmlische Freude erleben können. Keine vorübergehende Freude, sondern eine echte und tiefgründige Freude, die nicht so leicht zu erschüttern und auszulöschen ist. Eine Freude, die auch in Situationen gefunden werden kann, die man eigentlich als Tragödien bezeichnet.

In diesem Buch werden Sie erkennen, dass Ihre Not (Ihr persönlicher „Rollstuhl") sehr gut in Gottes Plan passt. Ihre Not und Ihr Leid kommen aus seiner klugen und liebenden Hand, und dafür können Sie Gott danken. Im Leid und für das Leid. Schließlich zeigt Nancy auf, woher die Kraft kommt, aus der heraus dies überhaupt möglich ist: Wir sagen allezeit für alles dem Gott und Vater Dank im Namen unseres Herrn Jesus Christus. Ja, diesen wunderbaren Retter möchte Nancy Leigh DeMoss immer wieder großmachen. Das werden Sie in diesem besonderen Buch feststellen.

Danke, Nancy, und das meine ich ehrlich. Gott segne dich – dafür, dass du uns anleitest und uns aufzeigst, wie unser Leben ein einziger Dank und ein Lob für Gott wird ... Glaube mir, diese Art der Dankbarkeit steht dir sehr gut!

Joni Eareckson Tada
Joni and Friends International Disability Center

Einführung
Gott lädt Sie zur Veränderung ein

Selbst wenn du Wunder tun könntest,
wäre es für dich ohne diesen dankbaren Geist
bedeutungslos, denn er heilt nur durch ein Wort
und verwandelt alles, was er berührt, in Freude.
William Law[1]

Seit mehreren Monaten beschäftige ich mich damit herauszufinden, was die Bibel über das Thema „Dankbarkeit" zu sagen hat. Ich habe darüber nachgedacht, was es heißt, dankbar zu sein und welche Auswirkungen Dankbarkeit hat.

Das war nicht nur eine theoretische Übung für mich. Es war viel mehr. Der Herr hat mich auf eine persönliche Reise geschickt, die noch nicht zu Ende ist. Er hat mir deutlich gemacht, warum es so wichtig ist, mich in Dankbarkeit zu üben: damit ich auf alles, was mir im Leben begegnen mag, vorbereitet bin. Auch für die Umstände und Zeiten, die ich als unangenehm oder schwierig empfinde.

Diese Reise war nicht immer einfach – unterwegs hat der Herr mich auf Dinge in meinem Herzen aufmerksam gemacht, die nicht gerade schmeichelhaft für mich waren. Sein Geist hat mich überführt, denn meine Reaktionen im Stress wurden an dem gemessen, was ich anderen Menschen geraten und was ich von ihnen verlangt hatte (ganz zu schweigen von den biblischen Maßstäben!).

Dennoch war und ist dieser Prozess notwendig für mein Leben und die Veränderungen, die dadurch in meinen Ansichten und in meinem Charakter vonstatten gehen, und sie machen auch die schwierigen Situationen mehr als wett. Ich durfte auch die Freiheit erfahren, die entsteht, wenn man „Ja, Herr" sagen kann. (Dazu mehr in meinem persönlichen Nachwort.)

Mit diesem Buch möchte ich Sie auf meine Reise mitnehmen. Sie sollen erfahren, was ich entdeckt habe. Ich würde mir wünschen, dass Sie die erfrischende Freude erleben, die entsteht, wenn man die bitteren Wurzeln der Undankbarkeit herauszieht und sich entscheidet, ein dankbares Herz zu pflegen. Bevor wir jedoch beginnen, möchte ich, dass wir einen kurzen Moment innehalten und darüber nachdenken, wo der Weg uns hinführen soll und warum es meiner Meinung nach so wichtig ist, dass wir diesen Weg gehen.

Wenn mich jemand vor dem Schreiben dieses Buches gefragt hätte, ob ich eine dankbare Person bin, hätte ich mich mit Sicherheit als „überdurchschnittlich dankbar" eingestuft. Und diejenigen, die mich kennen, hätten dem gewiss auch zugestimmt.

Das hat vor allem mit meinen Eltern zu tun, die mich, wenn ich ein Geschenk bekam, angehalten haben, eine Dankeskarte zu schreiben; bereits in jungen Jahren brachten sie mir bei, wie wichtig es ist, seine Dankbarkeit zum Ausdruck zu bringen. Das gehört sich einfach so, nicht wahr? Das gebietet die Höflichkeit. Obwohl ich damals nicht immer davon begeistert war, bin ich heute für diese „Schule" sehr dankbar.

Im Laufe der Jahre habe ich mich darin geübt, Dankbarkeit zu einem Lebensstil zu machen. Und ich durfte aufgrund meiner dankbaren Haltung viele segensreiche Erfahrungen machen.

Allerdings musste ich auch feststellen, dass ich, wenn ich nicht immer wieder gegen die Undankbarkeit ankämpfe und mich für die Dankbarkeit entscheide, schnell in den Sog der gefallenen Welt gezogen werde. Ich richte meinen Blick auf das, was ich nicht habe, aber gerne haben will. Plötzlich erscheint mein Leben hart, ermüdend und überfordernd.

Auch während ich dieses Buch schrieb, ließ ich hin und wieder zu, dass ich in dieses Fahrwasser hineingeriet. Ich musste erkennen, dass fehlende Dankbarkeit sich in Sorgen, Nörgeln und Ärger niederschlägt, entweder weil ich mich in meiner Gedankenwelt nur im Kreis drehe, oder, was noch schlimmer ist, weil ich meinen Zorn über diese Gedanken an meinen Mitmenschen auslasse.

Aber wenn ich in solchen Momenten buchstäblich nach Luft schnappte und fürchtete unterzugehen, entdeckte ich, dass die Dankbarkeit letztendlich mein Lebensretter wurde. Wenn ich mich selbst in tosenden Fluten für die Dankbarkeit entschied, wurde ich dadurch vor mir selbst und vor meinen Fluchtgedanken gerettet. Durch Gottes Gnade gibt sie mir immer wieder Auftrieb und schützt mich davor, in einem Meer aus Zweifel, Pessimismus, Entmutigung und Sorgen zu versinken.

Im Laufe der Zeit zeigt es sich, dass Freude die Folge von bewusster Entscheidung für die Dankbarkeit ist. Solch eine Entscheidung trifft man nicht mühelos und nebenbei. Ich muss meine Gedanken immer wieder neu in Übereinstimmung mit Gottes Wort bringen, mein Herz darauf ausrichten, Gott und seine Geschenke wertzuschätzen und meine Zunge zügeln, um das zu sagen, was seiner Göttlichkeit und Gnade entspricht – bis schließlich Dankbarkeit meine natürliche Reaktion auf alle Situationen im Leben wird.

Ein kraftvolles Geheimnis

Auf den folgenden Seiten werde ich Sie dazu ermutigen, sich für die Dankbarkeit zu entscheiden, vor allem weil es die einzige angemessene Haltung einem guten und gnädigen Gott gegenüber ist, der uns von unserer Sündenschuld befreit hat.

Aber auch in unserem eigenen Interesse ist Dankbarkeit sinnvoll.

Bis zu einem gewissen Grad hängen Ihr emotionales, mentales, physisches und geistliches Wohlbefinden sowie Ihre Gesundheit und die Stabilität Ihrer Beziehungen zu anderen Menschen von Ihrer Dankbarkeit ab.

Sich ein dankbares Herz zu bewahren ist der beste Schutz, um nicht bitter, giftig und mürrisch zu werden.

Ein dankbares Gotteskind ist einfach ein fröhlicher, friedlicher und strahlender Mensch.

Falls Entmutigung, Depression, Angst oder Sorgen zu Ihren ständigen Begleitern zählen, neigen Sie vermutlich dazu, sie Ihren schwierigen und schmerzvollen Umständen zuzuschreiben. Doch ich möchte Ihnen sagen, dass, egal, wie herausfordernd Ihre derzeitige Situation auch sein mag, Ihre Verfassung wahrscheinlich weniger mit Ihren schwierigen Umständen zu tun hat als mit der Notwendigkeit, ein dankbares Herz zu entwickeln.

Wie sonst sollte man erklären, dass es auf der ganzen Welt Gläubige gibt – und auch in der Vergangenheit schon gab –, die mit viel weniger zurechtkommen, als wir uns vorstellen können, die tagtäglich mit Versuchungen und Tragödien zu kämpfen haben und trotzdem unbeschreiblichen Frieden und Freude in sich tragen?

Ein Kommentar des Theologen und Autors Dr. Wayne Grudem, auf den ich im Internet gestoßen bin, hat mich sehr beeindruckt. Als C. J. Mahaney ihn fragte, auf welchen Gebieten im Dienst er am ehesten entmutigt werden kann, antwortete Dr. Grudem: „Ehrlich gesagt, *bin ich nicht sehr oft entmutigt.* Ich sehe immer wieder den Beweis von Gottes Wirken in meinem Leben und in dem meiner Mitmenschen, *sodass ich einfach von Dankbarkeit ihm gegenüber überwältigt bin.*"[2] (Hervorhebung durch die Autorin)

Diese Aussage passt hervorragend in unsere Zeit. Heutzutage, wo man in den USA ständig von Zwangsvollstreckungen, von hoher Arbeitslosigkeit, Verschuldung und gesunkenen Rentenkassen hört, einmal abgesehen von den besorgniserregenden Nachrichten von anderen Orten auf dieser Welt über Unruhen, Hungersnöte und Krankheiten, ist es selbstverständlich geworden, dass Menschen entmutigt sind und manches Mal sogar den Eindruck haben, Gott hätte diese Welt verlassen. Diejenigen, die Christus lieben und ihm nachfolgen, werden immer mutloser angesichts der Säkularisierung und des moralischen Relativismus.

Ich bin davon überzeugt, dass wir in unseren Tagen die geistliche Disziplin der Dankbarkeit pflegen müssen, um nicht den Boden unter den Füßen zu verlieren. Damit wir von dem, was uns tagtäglich begegnet, nicht überfordert werden, sollten wir immer wieder nach Beweisen von Gottes Wirken in unserem Chaos Ausschau halten und „ganz einfach von Dankbarkeit ihm gegenüber überwältigt sein".

Es ist erstaunlich, wie oft wir in der Bibel – besonders in den Psalmen – dazu aufgefordert werden, dem Herrn zu danken, ihn zu preisen und ihm zu singen. Umso verwunderlicher ist, dass viele dieser Aussagen von Personen geschrieben wurden, die sich in den denkbar schlimmsten Situationen befanden.

Es gibt einen Grund, weshalb die Bibel uns immer wieder auffordert, dankbar zu sein. Dahinter steckt ein kraftvolles Geheimnis, das nur wenige erkennen und das bei den meisten Auslegungen über christliche Tugenden übersehen wird.

Wie wir noch sehen werden, ist Dankbarkeit im Leben eines Christen nicht etwa von zweitrangiger Bedeutung, sie ist vielmehr von ungeheurer Bedeutung. Und sie hat verändernde Kraft. Ich bin absolut davon überzeugt, dass ein dankbarer Geist, der sich auf Gottes Güte und Gnade gründet, Ihre Sicht und Reaktion auf alles, was Ihnen in Ihrem Leben begegnet, radikal beeinflussen wird.

Also lassen Sie uns gemeinsam diese Reise antreten und diesen recht einfachen, aber bedeutungsvollen Charakterzug der Dankbarkeit erforschen. Ich bete dafür, dass diese Reise – eine Reise näher zu dem Herzen Gottes – Ihnen größere Freiheit und Freude bringen wird.

Anmerkungen

1 Mary W. Tileston, *Daily Strength for Daily Needs*, 9. März, Whitaker House, New Kensington, 2003.

2 *Sovereign-Grace-Ministries-Blog*, 30. Januar 2009, http://www.sovereigngraceministries.org/Blog/post/Meet-Wayne-Grudem-(4).aspx.

Kapitel 1
Die Macht der Dankbarkeit

Entwickle ein heiter-beschwingtes Gespür für die überschwängliche Freundlichkeit Gottes in deinem täglichen Leben.
Alexander MacLaren[1]

Danke! – Dies war mit Sicherheit eines der ersten Worte, die Sie in Ihrem Leben lernen mussten.

Zurzeit lebt eine junge Familie bei mir, solange ihr eigenes Haus renoviert wird. Die kleine Tochter ist 17 Monate alt und fängt an, ihre ersten (fast verständlichen) Worte zu sprechen. (Als ich ihr kürzlich das Kinderbuch *Winnie Puuh* vorlas, sagte sie zum ersten Mal „Tigger". Das war schon sehr bewegend für ihre „Tante Nancy" und für ihre Eltern, die dabei waren und es hörten.)

Katelynn war noch kein Jahr alt, als ihre Eltern begannen, mit ihr die Worte „Bitte" und „Danke" zu üben. Auch wenn sie diese Worte noch nicht aussprechen kann, so ist sie schon in der Lage, entsprechende Handzeichen zu geben, um damit „Bitte“ oder „Danke“ zu sagen.

Das Wort „Danke“ ist in fast jeder Sprache eine der ersten und wichtigsten Vokabeln. Für Menschen, die ein eingeschränktes Hör- oder Sprachvermögen haben, ist es relativ einfach zu vokalisieren. Dennoch gibt es einen Riesenunterschied zwischen dem bloßen Aussprechen des Wortes „Danke“ und einem wirklich dankbaren Herzen.

Auf welchem Rang der christlichen Tugenden befindet sich die Dankbarkeit bei Ihnen?

In unserer Rüstkammer, zu der bergeversetzender Glaube, absoluter Gehorsam, Langmut und Mitgefühl gehören sollten, scheint die Dankbarkeit nicht mehr als ein optionales Anhängsel zu sein. Frei nach dem Motto: Schön, wenn sie da ist, aber die Welt geht nicht unter, wenn sie fehlt.

Oftmals haben wir die Vorstellung, dass die Eigenschaften eines Christen in unterschiedlich wichtige Kategorien eingeteilt werden können, dabei rangiert die Dankbarkeit ziemlich weit unten, zusammen mit Gastfreundschaft, Fröhlichkeit und dem mittwochabendlichen Gemeindeabend. Dankbarkeit findet man nur bei den teureren „Christmodellen“ und ist definitiv nicht im Basispaket enthalten – ja, noch nicht einmal in der gleichen Kategorie wie die anderen, noch wichtigeren Bauteile eines „Superchristen“. Das denken wir.

Und dennoch …

Die Sache mit der Dankbarkeit ist weitaus bedeutender, als ihr allgemein schwacher Ruf vermuten ließe.

Was auf den ersten Blick wie ein süßes kleines Beiwerk aussieht, ist tatsächlich viel gewichtiger, kraftvoller und notwendiger in unserem Leben als Christen.

Versuchen Sie zum Beispiel einmal, konsequenten Glauben ohne Dankbarkeit zu leben; über kurz oder lang wird Ihr Glaube zu einer hartherzigen Religion werden, die hohl und wertlos ist.

Wahre Dankbarkeit ist keine nebensächliche Zutat.

Versuchen Sie einmal, ohne Dankbarkeit christliche Nächstenliebe weiterzugeben und auszuleben; Ihre Liebe wird früher oder später hart auf den Boden von Enttäuschungen und Desillusionen krachen.

Versuchen Sie einmal, sich ohne eine dankbare Haltung aufzuopfern. Sie werden merken, wie Sie jeden Funken Freude verlieren und sich irgendwann nur noch als Märtyrer fühlen.

Der britische Pastor John Henry Jowett sagte einmal: „Ohne Dankbarkeit ist jede Tugend verstümmelt und humpelt auf der Straße des Glaubens entlang."

Echte Dankbarkeit ist keine Nebensächlichkeit. Auch kann sie nicht existieren, ohne Einfluss auf das Leben zu nehmen, selig auf einer einsamen Insel lebend und die Realität völlig ignorierend. Nein, die Dankbarkeit muss in uns und unseren Herzen arbeiten. Sie ist Gottes wichtigstes Werkzeug, um uns Freude und Ausdauer in unserem täglichen Kampf zu geben.

Loben oder jammern

Die Sache mit der Dankbarkeit kann kaum überbewertet werden. Ich bin zu der Überzeugung gelangt, dass es nur wenige Dinge gibt, die Gotteskinder so sympathisch machen wie eine dankbare Grundhaltung. Andererseits gibt es auch nichts, das einen Menschen so unattraktiv erscheinen lässt wie Undankbarkeit.

Ich habe festgestellt, dass es immer genau zwei Möglichkeiten gibt – egal, welche Umstände sich mir gerade bieten. Ich kann entweder

jammern
oder
loben!

Und ich kann nicht loben, ohne zu danken. Das ist einfach unmöglich.

Wenn wir uns besonders inmitten schwieriger Umstände fürs Loben und Danken entscheiden, verströmen wir einen Duft, wir strahlen etwas aus, das Auswirkungen auf unsere Beziehung zu Gott wie auf die zu anderen Menschen hat. Entscheiden wir uns hingegen für das Jammern, Murren und Nörgeln, werden wir bitter und zerstören dadurch Beziehungen.

Viele sind sich nicht bewusst, dass die Konsequenzen der Undankbarkeit vergleichbar sind mit denen einer ansteckenden Krankheit. Sie sind auch nicht weniger tödlich. Unsere westliche Zivilisation ist zum Opfer der Krankheit „Undankbarkeit“ geworden. Wie ein tödliches Gas vergiftet diese Sünde unser Leben, unsere Familien, unsere Gemeinden und unsere Kultur.

Eine dankbare Person ist wie eine frische Brise in einer Welt, die von Bitterkeit und Unzufriedenheit verseucht ist. Jemand, der Dankbarkeit als Resultat und Antwort auf die errettende Gnade Gottes zeigt, wird ein Zeugnis für das Evangelium sein, das gewinnend und anziehend auf andere wirkt.

Also versuchen Sie am besten gar nicht erst, als Christ ein Leben ohne Dankbarkeit zu führen, es sie denn, es macht Ihnen nichts aus, wenn Ihre Verpflichtungen Ihnen morgens um drei den Schlaf rauben, Ihre Pläne für den Tag über den Haufen geworfen werden oder Ihnen eine unerwartet hohe Rechnung ins Haus flattert, die Ihr monatliches Budget sprengt.

Mit bloßer Willensstärke und Anstrengung können Sie eventuell die „richtigen“ (die erwarteten) Reaktionen „hervorbringen“, aber Ihr (sogenanntes) Christenleben wird hohl, hartherzig und abstoßend auf andere Menschen wirken.

Die Macht der Dankbarkeit

Seit der Immobilienhändler Peter Cummings im Jahr 1998 seine Arbeit als Vorsitzender des *Detroit Symphony Orchestra* begann, schrieb er jedem Spender, der mehr als 500 Dollar an das Orchester gespendet hatte, eine persönliche Dankeskarte. Er hätte den Gedanken nicht ertragen können, dass ein Unterstützer des Orchesters ein allgemein formuliertes Schreiben – womöglich noch mit falsch geschriebener Anrede – oder dass einer seiner Freunde einen unpersönlichen Brief mit seiner per Computer eingefügten Unterschrift bekam.

Eines dieser vielen Dankesschreiben ging an eine gewisse Mary Webber Parker, die Tochter einer namhaften Familie aus Detroit und Erbin des Hudson's-Warenhaus-Vermögens. Vor langer Zeit war sie von Detroit nach Kalifornien umgezogen; mittlerweile war sie verwitwet und hatte ihren Wohnsitz in einem vornehmen Altersheim außerhalb von Hartford, Connecticut.

Aus welchen Gründen auch immer hatte Mrs Parker beschlossen, eine einmalige Spende über 50.000 Dollar an das Symphonieorchester ihrer Heimatstadt zu überweisen.

Wie er es immer tat, schrieb Peter sofort ein herzliches Dankesschreiben an Mary ... und dieses kam für Mary völlig unerwartet. Zweifellos berührte es das Herz dieser älteren Witwe (die in den letzten 20 Jahren nur noch zweimal in Detroit gewesen war) besonders, als sie las, dass ihre großzügige Spende dazu beigetragen hatte, dass das Orchester ihrer Heimatstadt zu neuem Leben erweckt werden konnte.

Zwei Wochen später schickte sie nochmals einen Scheck über 50.000 Dollar.

Innerhalb weniger Tage sandte Peter erneut einen Brief, in dem er seine Dankbarkeit zum Ausdruck brachte, und bot an, Mary einmal von Michigan aus zu besuchen. Im kommenden Herbst sei er in der Nähe, da er seine Tochter auf dem College in Hartford anmelden müsse. Er habe nicht vor, sie um weitere Spenden zu bitten, sondern wolle ihr lediglich persönlich danken.

Monate vergingen. Schließlich kam ein Schreiben, datiert auf den 13. Juni, in welchem Mrs Parker einem

Besuch von Peter im kommenden Herbst zustimmte. Und falls er nichts dagegen hätte, würde sie gerne noch etwas an das *Detroit Symphony Orchestra* spenden. Dieses Mal allerdings nicht 50.000 Dollar, sondern 500.000 Dollar.

Und das nicht nur einmal, sondern jährlich, für eine Dauer von fünf Jahren![2]

Zweieinhalb Millionen Dollar!

Nicht aus Pflicht. Nicht aus Zwang. Nicht etwa weil es keine anderen Bittsteller gegeben hätte, die sich ein Bein herausgerissen hätten, um in den Genuss ihres Vermögens zu kommen.

Sie tat es, weil jemand dankbar gewesen war. Aufrichtig dankbar.

Das ist die überschäumende Macht von Dankbarkeit – die Kraft, die neuen Schwung in den grauen Alltag bringt.

Unser Herzenswunsch

Es würde mich doch sehr wundern, wenn Sie heute Morgen aufgewacht wären und gesagt hätten: „Ach, ich wünschte, ich wäre dankbarer, denn dann wäre mein Leben viel besser." Selten erkennen wir, dass fehlende Dankbarkeit die Ursache unserer Probleme ist.

Hingegen wäre ich nicht überrascht, wenn Sie sagen würden: „Ich bin es so leid, dass mein Mann mir gegenüber dermaßen rücksichtslos ist. Rund um die Uhr bin ich damit beschäftigt, seine Bedürfnisse zu erfüllen, und er gibt so wenig zurück. Ich wünschte mir, dass er einmal innehalten und sich bewusst machen würde, dass es hier im Haus noch mehr Menschen mit persönlichen Bedürfnissen gibt."

Vielleicht sagen Sie auch: „So oft schon habe ich meinen Eltern Gelegenheiten gegeben, sich bei mir dafür zu entschuldigen, dass sie mich als Kind Situationen ausgesetzt haben, die mir Leid zufügten. Ein einfaches ‚Es-tut-mir-Leid' würde schon genügen. Aber sie reden sich nur ständig heraus und geben Erklärungen ab, in denen sie anderen die Schuld zuschieben. Ich wünschte mir nur, dass es ihnen nicht egal wäre. Dass sie erkennen, wie hart und schwer es für mich ist, damit zu leben. Warum können sie das einfach nicht begreifen?"

Oder: „Ich weiß, ehrlich gesagt, nicht mehr, was ich noch glauben soll. Ich verspüre nicht mehr den Wunsch zu beten, in der Bibel zu lesen oder dem Herrn wie bisher zu dienen. Ich schaffe es einfach nicht mehr. Ich muss mich zwingen, in die Gemeinde zu gehen. Bei meinen vielen hochgesteckten geistlichen Zielen haben andere bestimmt geglaubt, ich wäre nicht mehr ganz bei Trost. Vielleicht hatten sie recht. Meiner Meinung nach wäre jeder besser dran, wenn er seine Hoffnungen auf Gott nicht so hoch setzen würde."

Keiner muss Ihnen noch sagen, dass das Leben schmerzhaft sein kann. Wenn es nicht eine der soeben beschriebenen Situationen ist, die Sie betrifft, dann ist es womöglich ein schwieriges Kind, ein frustrierender Job, eine ernste (oder drohende) Krankheit oder anstrengende Schwiegereltern. Es können aber auch hohe Kreditraten, Schlafprobleme, sündige Gewohnheiten oder aber ein lebensveränderndes Problem wie eine lange, sich hinziehende Scheidung sein.

Große, kleine, langfristige oder tägliche Probleme. In unserem Leben erfahren wir ständig Dinge, die unsere Gedanken gefangen nehmen, unsere Ängste schüren und diese immer größer werden lassen. Egal, ob wir im Auto unterwegs sind, ein Mittagsschläfchen machen wollen oder mit aller Kraft versuchen, der Predigt am Sonntagmorgen zuzuhören, immer wieder klebt dieser „ekelhafte Dreck" wie Spinnweben an uns und wir können ihn nicht abschütteln.

Wir probieren alles Mögliche aus, um damit fertigzuwerden. Wir bauen Mauern gegenüber den Menschen auf, die uns am meisten verletzen. Wir wünschen uns eine starke Schulter, an der wir uns anlehnen dürfen, um alle unsere Nöte und Verletzungen ausheulen zu können.

Manchmal entwickeln wir auch Vermeidungsstrategien, nur um nicht über unsere Probleme nachdenken zu müssen. Oder wir stürzen uns in Berge von Arbeit, um uns ja nicht mit den wichtigsten Dingen des Alltags beschäftigen zu müssen.

Es ist doch so: Auch wenn wir noch so sehr versuchen, unsere Probleme und Enttäuschungen unter die Füße zu bekommen, so schreit unser Herz doch innerlich laut auf und hindert uns daran, Gottes großartige Hilfe zu erfahren. Trotz Gottes Versprechen, dass er noch immer alles unter Kontrolle hat – selbst inmitten größter Kämpfe und Schmerzen – und obwohl sein Friede und seine Gegenwart denen zur Verfügung stehen, die sich völlig auf ihn verlassen, versuchen wir zu oft, Trost in den anklagenden Worten „Warum ich?" zu finden.

Wie oft haben Sie sich an dieses bittere Klagelied geklammert und gehofft, daraus genug Kraft zu schöpfen, um Ihr Herz vor weiteren Gefahren und Schäden zu schützen?

„Warum ist das Leben nur so hart?"

„Warum müssen Menschen nur so kompliziert sein?"

„Warum muss gerade mir das passieren?"

„Warum kann mich keiner lieben, wie ich bin?"

„Warum antwortet Gott nicht auf meine Gebete?"

„Warum muss ich alleine leben?"

„Warum hören die Probleme nicht einfach einmal auf?"

„Warum hat die Bibel mir nicht mehr so viel zu sagen?"

„Warum muss ich das jetzt so akzeptieren?"

„Warum ich?"

Wir fühlen uns betrogen. Wir fühlen uns vernachlässigt. Wir fühlen uns minderwertig ... missbraucht ... nicht wertgeschätzt. Wir fühlen uns wie in einem Strudel, drehen uns im Kreis, werden mit jeder Welle des Selbstmitleids immer weiter nach unten in unsere Schwierigkeiten gezogen.

Weg von Gott.

Undankbar.

„Jeder sagt mir immer wieder, ich solle die Ohren steifhalten. Die schwierigen Zeiten würden vorbeigehen. Aber sie dauern nun schon so lange und ich sehe immer noch kein Licht am Ende des Tunnels."

„Nancy, Sie sagen mir, ich solle dankbar sein. Aber Sie haben auch noch nie in so einer Situation gesteckt wie ich. Wenn Sie wüssten, was ich durchmache, würden Sie so etwas nicht von mir verlangen."

„Ich versuche, das Unvermeidliche zu akzeptieren. Ich arrangiere mich damit. Aber dafür dankbar sein?

Meinen Sie etwa, das solle mir auch noch alles gefallen?"

Ich möchte Ihnen eins versichern: Wenn ich nur irgendwelche Floskeln über die Dankbarkeit zu sagen hätte, würde ich gar nicht erst versuchen, auf solche Aussagen mitten aus dem Leben zu antworten. Wenn unser Glaube nur in den Sonntagsgottesdienst oder in ein theologisches Lehrbuch passt, wäre es unfair von mir, Worte des Trostes an Menschen weiterzugeben, die ums Überleben kämpfen.

Aber echte, christuszentrierte Dankbarkeit aus Gnade passt in jede Lebenslage und sei sie auch noch so hoffnungslos und kompliziert. Sie gibt Hoffnung, auch dann, wenn alles trostlos zu sein scheint. Diese Dankbarkeit verwandelt bezwungene Kämpfer in siegreiche Eroberer.

Der größere Teil der Dankbarkeit

Es ist nicht etwa so, dass die Dankbarkeit in unserer Welt keine Rolle mehr spielen würde. Man braucht nur einmal an den Kartenständern in den Kaufhäusern vorbeizugehen. Dort findet man zahlreiche, mit Gänseblümchen verzierte und pastellfarbene Karten, die uns regelrecht dazu auffordern, „dankbare" Gedanken zu haben. Sie sind inspirierend, und ich mag ihre Leichtigkeit und Ermutigung für Tage, die voller Herausforderungen stecken.

Jedoch scheinen mir diese Karten eher zu gemütlichen Kaffeekränzchen zu passen als zu den täglichen Kämpfen und Schwierigkeiten, die wir alle nur zu gut kennen.

Was ich sagen will ist: Bei Dankbarkeit geht es um mehr als nur um Narzissen und Hochglanzzeitschriften.

Dankbarkeit ist ein Lebensstil. Ein hart erkämpfter, von Gnade durchtränkter, biblischer Lebensstil. Obwohl eigentlich jeder Mensch Grund zur Dankbarkeit hätte – Gott hat schließlich seine Gnade für jeden zugänglich gemacht –, ist doch die echte herrliche und lebensverändernde Kraft der Dankbarkeit für diejenigen reserviert, die den Geber jeder guten Gabe kennen und akzeptieren und seine erlösende Gnade für sich in Anspruch nehmen.

Dankbarkeit ist ein Lebensstil. Ein hart erkämpfter, von Gnade durchtränkter, biblischer Lebensstil.

In diesem Buch geht es darum, zu entdecken, warum Dankbarkeit eine durch und durch christliche Eigenschaft ist. Und darum, wie das Leben trotz aller Höhen und Tiefen bleibende Freude bereithält.

Die Suche beginnt dort, wo auf den ersten Blick kein Grund zur Dankbarkeit erkennbar ist, nämlich an dem Punkt, an dem wir die Realität der menschlichen Rebellion begreifen ... und die der Hinrichtung eines unschuldigen Mannes.

Anmerkungen

1 Mary Wilder Tileston, *Joy & Strength,* World Wide Publications, Minneapolis, 1986, 24. August.

2 Mark Stryker, „Orchestra's Thank-You Notes Strike a Chord with Donor", *The Indianapolis Star*, 18. November 1999, A8.

Kapitel 2
Schuld, Gnade und Dankbarkeit

Die Tatsache, dass Gott Sünde vergeben hat,
ist etwas, das die tiefste Quelle der Dankbarkeit im Menschen
zum Überfluss bringt.

Oswald Chambers[1]

Einer der heiligsten Momente ist der, wenn wir zum Tisch des Herrn zusammenkommen, um die Symbole seines Leibes und Blutes zu uns zu nehmen. In dieser einzigartigen Zeremonie, wenn wir an seinen Tod und seine Erlösung denken, werden wir mit der Last unserer Sünde konfrontiert. Sie wird uns in der Stille bewusst, jener heiligen Stille, die unseren Verstand und unsere Gefühle umfasst. In diesen kurzen Augenblicken sind wir frei von allem, was uns normalerweise beschäftigt; es gibt keine Besprechungen, keine Aufgaben, die erledigt werden müssen, nichts, was unsere Gedanken gefangen nimmt.

Wir nehmen das Brot und den Kelch und teilen sie untereinander. Wir stehen offen und ehrlich vor Gott, brauchen uns nicht zu verstecken oder zu verkriechen. Wir denken daran, dass diese Symbole für unsere Rettung stehen.

Die Sünden der vergangenen Woche oder der gerade vergangenen Stunden kommen uns in den Sinn. Das, was uns zuvor so richtig, so zwingend und so wichtig war, erscheint uns nun in dieser heiligen Atmosphäre so nichtig und unbedeutend. Wie beschämend! „Warum habe ich mich nur so verhalten? Wie konnte ich so dumm sein? Was habe ich mir nur dabei gedacht?“

Aber dann, in solchen Momenten, wenn die Last unserer Sünde fast nicht mehr auszuhalten ist, erwacht neue Hoffnung in unseren Seelen. Wir sind *nicht* hoffnungslos für immer an diese Sünden gebunden. Sie wurden uns tatsächlich bereits vergeben! Die Aussage Jesu: „Es ist vollbracht!“ gilt auch uns. Unser Platz im ewigen Königreich ist so sicher wie der Tisch des Herrn, der Kelch, das Brot und sogar die Hände, die alles austeilen. Durch die Tatsache des Sterbens und Auferstehens von Christus sind wir frei von Sünde, um schließlich jetzt und für immer zu leben.

„Danke, Herr!“

Dieser Augenblick, dieser Moment des Danke-Sagens fasst alles zusammen, was wir da tun. Das Wort „Eucharistie“ (der liturgische Ausdruck für das, was wir „den Tisch des Herrn“ oder „das Abendmahl“ nennen) stammt aus dem Griechischen *eucharastia* und bedeutet so viel wie „Danke sagen“[2]. Ein Bibellehrer sagt Folgendes dazu:

Das Wort „Eucharistie", das auch für den Begriff „Heilige Kommunion" verwendet wird, ist der höchste Ausdruck der Dankbarkeit für die größte Gabe, die wir je von Gott bekommen können, nämlich das Opfer Jesu. Es ist die dankbare Anerkennung für empfangene Barmherzigkeiten.[3]

Wenn wir also am Abendmahl teilnehmen, drücken wir dadurch unsere Dankbarkeit aus. Dankbarkeit Gott gegenüber. Dankbarkeit für das Evangelium.

Von Schuld durch Gnade, hin zur Dankbarkeit ... alles durch eine einmalige Hingabe.

Überzeugen Sie sich selbst

Diese drei Worte – „Schuld", „Gnade" und „Dankbarkeit" – bilden den Kern des Evangeliums. Man kann auch sagen, dass sie den Inhalt der gesamten Bibel widerspiegeln.

Wir alle wurden in einen unvermeidlichen Zustand der Schuld geboren; wir sind Gesetzlose, die unter der rechtmäßigen Verurteilung eines heiligen Gottes stehen. Durch menschliche Kraftanstrengung versuchen wir alles, damit wir würdig und akzeptabel vor Gott werden, um uns dadurch selbst seine Gunst zu verdienen.

Inmitten dieser hoffnungslosen Situation erleben wir die unverdiente Gnade Gottes durch Jesus Christus. Im Gegensatz zu uns hat Christus das Gesetz Gottes hundertprozentig erfüllt; als vollkommener Ersatz starb er an unserer Stelle und übernahm dadurch das Gericht, das wir verdient hätten. Durch seinen Opfertod am

Kreuz müssen wir keine geistlichen Klimmzüge mehr unternehmen und uns unsere eigene Gerechtigkeit zurechtbasteln (ein unmögliches Unterfangen!). Durch dieses besondere und teure Geschenk der Gnade haben wir alle Voraussetzungen, um in der richtigen Beziehung zu unserem Schöpfer leben zu können.

Christus' Leben wurde zu dem unsrigen. Das ausreichende Opfer für unsere Sünden wurde durch seinen Tod bezahlt. Seine Auferstehung ist der Beweis, dass noch nicht einmal das Grab Gott davon abhalten kann, seine Versprechen zu erfüllen. Wir sind auf ewig mit unserem himmlischen Vater im Reinen.

Das ist ein gewaltiges Wunder. Der sichere Tod wird zum sicheren Leben. Wir, die wir niemals von uns aus nach Gott gefragt hätten, wurden durch den Einen errettet, der uns in seiner Liebe und Barmherzigkeit gesucht hat. „Denn aus Gnade seid ihr errettet durch Glauben, und das nicht aus euch, Gottes Gabe ist es" (Epheser 2,8).

Das ist das, was man Evangelium nennt – die frohe Botschaft! Unsere Schuld wurde durch Gottes Geschenk der Gnade ausgelöscht. Diese Gnade ist das Einzige, das groß und mächtig genug ist, um diese Schuld für immer und ewig zu überwinden und vollkommen auszutilgen.

Was dann folgen sollte, ist die einzig logische Reaktion auf diese Rettung: Nachdem wir dem Tod entrissen sind und die Last unserer Sünden von unseren Schultern genommen wurde, müsste man meinen, dass der Rest unseres irdischen Lebens nicht ausreicht, um in angemessener Art und Weise Dank zu sagen. Es kommt nicht mehr auf unsere guten Werke und Leistungen an; da das Ziel unserer Seelen nun in Ewigkeit sicher ist, sollte übersprudelnde Dankbarkeit uns wie selbstverständlich zur Anbetung und zum Dienst antreiben. – „Was auch immer du, Herr, von mir verlangst! Nach dem, was du alles für mich getan hast, ist das das Mindeste, was ich dir geben kann!"

Wir wollen uns kurz Zeit für eine kleine Lektion in Griechisch nehmen (der Sprache, in der das Neue Testament ursprünglich geschrieben wurde). Dabei werden wir feststellen, dass hier der Zusammenhang zwischen Gnade und Dankbarkeit noch deutlicher erkennbar ist.

Zuvor haben wir uns mit dem Wort „Eucharistie" befasst (griechisch *eucharistia)*, was so viel wie „Danksagung" bedeutet. Der Wortstamm dieses griechischen Wortes ist *charis*, was meistens mit „Gnade" übersetzt wird. (Hier steckt das Wort für „Geschenk" – *charisma* – drin.) Jedoch wird in vielen Versen das gleiche Wort mit „Danksagung" übersetzt.

Gnade ... Geschenk ... Dankbarkeit. Diese Worte sind untrennbar miteinander verbunden! Auch in unseren Herzen sollten sie untrennbar sein. Wo das eine ist, sollten auch die anderen zu finden sein.

Alle drei – Gnade, Geschenke (Gaben) und Dankbarkeit – werden freiwillig gegeben. Unser Gott gibt großzügig und gerne seine Gnade denen, die eigentlich sein Gericht und seinen Zorn verdienten. Diejenigen, die solch ein unverdientes Gnadengeschenk erhalten, sollten dem Gebenden überschwänglich und von Herzen danken.

Einige von uns können sich gar nicht mehr an die Zeit erinnern, in der sie nicht um diese Dinge wussten. Aber haben wir auch die Faszination für die Bedeutung all dessen verloren?

Man beachte, wie Paulus diese geheimnisvolle Gleichung aufstellt: „Gerade dort, wo sich die ganze Macht der Sünde zeigte, ist die Gnade noch sehr viel mächtiger geworden“ (Römer 5,20). Ja, als Antwort auf unsere überströmende Schuld hat Gott seine Gnade noch überströmender auf uns ausgegossen. Wäre dann nicht super-super-überströmende Dankbarkeit die angemessene Reaktion auf die super-überströmende Gnade Gottes?

Ist dem so? Ist die Dankbarkeit in Ihrem Alltag so überströmend wie die Gnade Gottes in Ihrem Leben?

Unzweifelhafte Schuld plus unverdiente Gnade ergibt übermäßige Dankbarkeit.

Ist die Dankbarkeit in Ihrem Alltag so überströmend wie die Gnade Gottes in Ihrem Leben?

Auch wenn wir bereitwillig zugeben, dass wir laut Bibel von Schuld zur Gnade, vom Tod zum Leben, von Verzweiflung zur Hoffnung gelangen, erscheint uns die logische Konsequenz daraus weitaus schwieriger – vielleicht nicht in der Theorie, sehr wohl aber in der Praxis. Bei den wenigsten von uns zeigt sich im alltäglichen Leben tatsächlich eine tiefe Dankbarkeit als Reaktion auf Gottes Geschenk der Gnade.

Warum ist das so?

Die Antwort darauf ist einleuchtend. Es liegt nun nämlich an uns, das umzusetzen, was wir wissen, und zuzusehen, dass unsere Dankbarkeit mehr als eine oberflächliche Verpflichtung wird.

Zu Beginn sollte unser Ziel sein, ein Herz zu haben, das Gott gegenüber so dankbar ist wie die überfließende Gnade, die er in unser Leben ausgegossen hat.

Das sollte uns lange, lange Zeit dankbar machen. Dankbar Gott gegenüber.

Wem sollten wir danken?

Hier sollte sich die Dankbarkeit der Christen von jeglicher anderen Form der Dankbarkeit unterscheiden. Die reine Form der Dankbarkeit beginnt dort, wo wir Gott demütig für unsere Errettung danken – der absolut unverdienten Umgestaltung in unserem persönlichen Leben: gottwärts, christuszentriert. Wahre Dankbarkeit, christliche Dankbarkeit, existiert nicht in einem Vakuum, sie hat ein Ziel.

Marvin Olasky, der Chefredakteur der Zeitschrift *World*, erzählte von einer Unterhaltung mit einem erfolgreichen (atheistischen) Autor, der sich dankbar über seinen letzten Urlaub geäußert hatte. Dabei war es ihm möglich gewesen, im Meer zu baden und dessen überwältigende Schönheit in sich aufzunehmen; er hatte das beruhigende, rhythmische Wellengeräusch des ihn umgebenden Wassers offensichtlich genossen. Dr. Olasky fragte ihn herausfordernd, wem er denn dafür dankbar sei: „Vielleicht den Käufern seiner Bücher, die für seinen Wohlstand verantwortlich waren?" (Nicht, dass sie etwa den Ozean erschaffen hätten.) „Vielleicht seinen Eltern oder seiner Frau?" (Selbstverständlich hatten auch sie den Ozean nicht gemacht.)[4]

Was ich damit deutlich machen will, ist, dass wir, um „Danke" sagen zu können, ein Gegenüber brauchen. Um dem lebendigen Gott gegenüber dankbar sein zu können, braucht es ein entsprechendes Vertrauensverhältnis, das nur im Herzen von wiedergeborenen Menschen zu finden ist.

Christliche Dankbarkeit zeigt sich nicht darin, ein allgemeines „Dankeschön" in Richtung Himmel zu sagen, wenn wir zum Beispiel einen freien Parkplatz finden, um ein Knöllchen für Geschwindigkeitsüberschreitung herumkommen oder wenn wir einen Anruf vom Arzt bekommen haben, dass die Testergebnisse der Untersuchung gut ausgefallen sind. Diese Art der „Zuerst-komm-ich-Dankbarkeit" stellt sich meist nur dann ein, wenn alles glattläuft und wir positive Dinge erleben. Sie sollte auch etwas mehr sein als ein automatischer Reflex – wie beispielsweise ein gemurmeltes „Entschuldigung", nachdem man aus Versehen jemanden angerempelt hat, oder ein „Ihnen auch", nachdem die Verkäuferin uns an der Kasse einen schönen Tag gewünscht hat.

Christliche Dankbarkeit bedeutet vielmehr ...

- sich bewusst zu machen, wie viel Segen wir von Gott und unseren Mitmenschen empfangen (einschließlich der Probleme und Schwierigkeiten, die sich im Nachhinein als segensreich herausstellen),
- anzuerkennen, dass Gott letztendlich der Geber aller guten Gaben ist, und
- unsere Dankbarkeit ihm (und anderen) gegenüber auszudrücken.

Erkennen Sie den Unterschied zwischen diesem Konzept von Dankbarkeit und der anderen, gut gemeinten, beschwingten, positiven Sicht eines halbvollen Glases

..., der Entscheidung, allem etwas Positives abzugewinnen, selbst inmitten von Problemen und Schwierigkeiten?

Sicher ist es gut, sich eine positive Sicht der Dinge im Leben zu bewahren – z. B. dankbar für die eigene Gesundheit zu sein oder für eine zufällige Begegnung mit einer Freundin im Supermarkt oder wenn man an einem eher trostlosen Tag morgens aus der Haustür tritt und im eigenen Garten eine voll erblühte Blume sieht. Wie wunderbar ist es, wenn wir unsere Herzen darauf einstimmen, uns bewusst zu machen, dass wir so vieles haben, für das wir dankbar sein können.

Aber *wem* sollen wir danken?

Das Problem mit der christuslosen Dankbarkeit ist Folgendes: So schön sie auch sein mag, sie hat kein Ziel. Dieses Dankeschön wird so dahergesagt, denn man weiß nicht, wem man danken soll: dem Glück, dem Zufall, dem Schicksal oder dem lieben Gott? Man hat das Bedürfnis, *etwas* oder *jemandem* dafür Danke zu sagen, dass das Leben nicht so schlimm ist, wie es möglicherweise sein könnte. Viele schreiben diese aufrichtigen Gedanken in ein Tagebuch oder sie teilen sie ihren Freunden mit; sie genießen das warmherzige Gefühl der Dankbarkeit.

Solche Menschen haben die vage Ahnung, dass sie Teil von etwas Größerem sind, das über die bloße menschliche Existenz hinausgeht. Sie sind jedoch nicht – oder noch nicht – bereit zuzugeben, dass dieses „Größere" ein persönlicher Schöpfer und Retter ist. Vielleicht eine höhere Macht, aber doch nicht der Gott der Bibel und erst recht nicht der Herr Jesus Christus!

Da wir also die Praxis der verallgemeinernden Dankbarkeit hoch einschätzen und dankbar sind, Freunde und Familienmitglieder mit einer positiven Lebenseinstellung zu haben, können wir als Gläubige uns nicht damit zufrieden geben, dass diese Dankbarkeit ausreicht – erst recht nicht, wenn es eine Form der Dankbarkeit gibt, die uns viel mehr zu bieten hat als nur ein gutes Gefühl, weil es in unserem Leben „rund" läuft.

Denken wir einmal darüber nach: Warum schreiben wir unsere Namen auf Geschenke, die wir weitergeben? Warum verschenken wir nur sehr selten etwas anonym, sodass der Empfänger überhaupt keine Ahnung hat, von wem das Geschenk sein könnte? Warum wollen wir den Empfänger wissen lassen, wer ihn beschenkt hat?

Liegt es daran, dass wir so eitel sind und den Gedanken nicht ertragen können, als Absender nicht beachtet zu werden? Lieben wir – bewusst oder unbewusst – den Gedanken, anderen gegenüber überlegen zu sein, damit sie in unserer Schuld stehen?

Oder wollen wir sie nicht einfach wissen lassen, wie sehr wir sie achten und schätzen – nach dem Motto: „Du sollst wissen, wie viel du mir bedeutest ..."?

Wenn also in der Bibel steht, dass „jede gute Gabe und jedes vollkommene Geschenk [...] von oben herab [kommt], von dem Vater der Lichter" (Jakobus 1,17), dann ist es mehr als unangemessen, unserem „Glücksstern" zu danken. Denn jede einzelne Segnung in unserem Leben kommt in Wirklichkeit von dem Einen, der die Sterne gemacht hat. Von demjenigen, der uns in seine Handflächen eingezeichnet hat (vgl. Jesaja 49,16) und uns mit ewiger Liebe liebt (vgl. Jeremia 31,3).

Warum sollten wir das außer Acht lassen?

Erst wenn wir erkennen, dass alle unsere Segnungen aus einer einzigen Quelle stammen (die aus einem realen, persönlichen, lebendigen und liebenden Geber besteht), wird unsere Dankbarkeit authentisch, sie wird zur christlichen Dankbarkeit: Wir erkennen die Segnungen, die wir von Gott und anderen Menschen in unserem Leben empfangen dürfen, und drücken unseren Dank dafür aus.

Allumfassende Dankbarkeit

Unkonkrete, allgemeine Dankbarkeit hat ihre Grenzen. Sie ist immer wieder abhängig von bestimmten Zeiten und Bedingungen – von denjenigen, die auch unser Wohlbefinden bestimmen. Oftmals geht unsere Dankbarkeit nicht weiter, als unser Sichtfeld reicht; uns kümmert wenig, wie es anderen um uns herum geht, wir sind höchstens dankbar, dass wir nicht in ihren Schuhen stecken. Diese Art von Dankbarkeit hat die Tendenz, privat zu bleiben, ein unausgesprochener Gedanke oder eine Überlegung, die nur uns persönlich von Nutzen ist. Und wenn wir es dann doch einmal schaffen, anderen Menschen zu danken, geschieht dies meist nicht aus einer wirklich ehrlichen und aufrichtigen Haltung, ohne Ewigkeitswert im Hinblick auf Gottes errettende Gnade.

Wir sind eben einfach dankbar …

Die Grenzen der *christlichen Dankbarkeit* hingegen …

Wer hat hier etwas von Grenzen gesagt?

„HERR, an den Himmel reicht deine Gnade, deine Treue bis zu den Wolken. Deine Gerechtigkeit ist den Bergen Gottes gleich, deine Rechtssprüche dem gewaltigen Urmeer ...“ (Psalm 36,6-7) – Die Herrschaft seiner überwältigenden Gnade reicht aus, um unser bedürftiges Leben auszufüllen.

„Wie köstlich ist deine Gnade, Gott! Und Menschenkinder bergen sich in deiner Flügel Schatten; sie laben sich am Fett deines Hauses, und mit dem Strom deiner Wonnen tränkst du sie“ (Psalm 36,8-9). Unsere Herzen antworten darauf mit allem Dank, den wir nur aufbieten können, und daraus folgt – was wohl? – noch mehr Gnade und Barmherzigkeit.

Grenzen? Was für Grenzen?

Das Schöne an der christlichen Dankbarkeit ist, dass nur eine kleine Geste der Dankbarkeit unsererseits – wenn sie an den rechtmäßigen Empfänger gerichtet oder durch ihn inspiriert wird – ein gesamtes Königreich erfüllen kann; sie preist nicht nur Gott und ist nicht nur uns persönlich nützlich, sondern sie kann auch Orte und Menschen erreichen, die sonst niemals Gottes Liebe sehen und erfahren würden.

Ein Beispiel gefällig?

Tauchen wir nur kurz in 2. Korinther, Kapitel 8 und 9 ein. Aber ich warne Sie: Wenn wir uns mit diesem Abschnitt befassen, wird daraus Dankbarkeit in alle Richtungen versprüht. Wundern Sie sich also nicht, wenn es Sie auch erwischt!

Zum Hintergrundverständnis: Paulus erinnerte die Geschwister in Korinth an eine Sammlung für die Gemeinde in Jerusalem. Durch eine schwere Hungersnot waren viele in der jüdischen Heimat in Armut geraten. Paulus wollte nun zweierlei bewirken: zum einen, dass seine Landsleute humanitäre Hilfe erhielten, zum anderen, dass die Einheit der Gemeinde zum Ausdruck gebracht wurde – dadurch, dass die Heiden ihre Habe mit den Juden teilten, mit denen sie ja in Christus eins waren.

Die Korinther (Heiden) hatten bei einer Gelegenheit ihre Spende zuvor zugesagt, waren aber, wie der Brief vermuten lässt, bis dato ihrem Versprechen noch nicht so wie andere Menschen, die weitaus weniger besaßen als sie, nachgekommen.

Paulus wollte den Korinthern deutlich machen, dass sie durch das Zurückhalten ihrer Spende die Gnade missachteten und damit die Dankbarkeit verhinderten. Wenn sie doch nur überströmende Großzügigkeit üben könnten, würden sie eine Welle der Dankbarkeit lostreten, welche ihr Opfer bei Weitem überträfe; eine überströmende Dankbarkeit, die dorthin fließen würde, wo Gnade am meisten benötigt würde.

Folgen Sie dem Argument des Paulus:

Gnade erzeugt Geben. „Gott aber vermag euch jede Gnade überreichlich zu geben, damit ihr in allem allezeit alle Genüge habt und überreich seid zu jedem guten Werk" (2. Korinther 9,8). Da Gott unser Konto mit so viel Gnade aufgefüllt hat, gibt in Wirklichkeit er durch uns. Wir geben nur von dem uns geschenkten Überfluss weiter. (Wir haben Anteil an Gottes grenzenlosen Segnungen und seiner rettenden Gnade, die er in der gesamten Welt austeilt.)

Das ist aber erst der Anfang.

Geben erzeugt Dankbarkeit. Indem wir „in allem überreich sind" und zur Großzügigkeit ermuntert werden, wollen wir nicht nur gehorsam auf die physischen und geistlichen Nöte unserer Mitmenschen eingehen, sondern auch „Danksagung Gott gegenüber" bewirken durch alle diejenigen, denen gegenüber wir freigebig sind (Vers 11). Wenn wir aus Dankbarkeit Gott gegenüber anderen Gutes tun, werden auch sie in ihren Herzen dankbar.

Das Resultat: Dankbarkeit erzeugt noch mehr Dankbarkeit. Als Empfänger seiner Gnade werden wir zu Kanälen seiner empfangenen Güte, damit andere durch uns ebenfalls Nutznießer dieser Gnade werden. Daraus resultiert, dass noch mehr Dankbarkeit entsteht – nicht nur uns, sondern auch Gott gegenüber –, damit wir gemeinsam Gott anbeten und ihm danken. „Denn die Besorgung dieses Dienstes füllt nicht nur den Mangel der Heiligen aus, sondern ist auch überreich durch viele Danksagungen zu Gott“ (Vers 12).

Wenn wir aus Dankbarkeit Gott gegenüber anderen Gutes tun, werden auch Sie in ihren Herzen dankbar.

Wie finden Sie das? Dass andere Gott aufgrund unserer Dankbarkeit und Freigebigkeit loben, die durch die uns geschenkte Gnade bewirkt wurden?

Was uns „von oben“ geschenkt wurde, ruft eine von Herzen kommende Dankbarkeit gegenüber Gott hervor. Wir werden von seiner Fülle inspiriert und dadurch können wir wiederum an unseren Mitmenschen Gutes tun. Diese werden ihrerseits noch mehr dazu motiviert, Dank gegenüber Gott zum Ausdruck zu bringen für das, was wir ihnen tun konnten (genauer gesagt: durch das, was Gott durch uns getan hat).

Man kann das mit dem Regenkreislauf vergleichen. So wie das Wasser, das vom Himmel regnet, in den Boden sickert, verdampft und wieder aufsteigt, so ist es mit der Dankbarkeit eines Christen: Sie „läuft rund“

und hinterlässt eine Spur, die gesäumt ist von zahllosen Früchten und Blüten sowie von vielen Herzen, die erfrischt wurden.

Hier, dort und überall

Paulus ermuntert die Kolosser, „überströmend in Danksagung" zu sein (Kapitel 2,7). Hier haben wir das Bild eines Flusses vor uns, der in der Regenzeit über die Ufer tritt, dabei nicht nur hier und da ein paar Tropfen Wasser verteilt, sondern mit überschäumenden Wellen auf das ganze Land trifft, sodass nichts mehr trocken bleibt. Jedoch ist diese Flut, die Flut der Dankbarkeit, alles andere als zerstörend, sie ist ein stetiger Strom des Segens. Sie hilft. Sie heilt. Sie gibt Leben.

Hört sich das für Sie zu weit hergeholt und zu idealistisch an?

Nein, das ist es nicht. Ich erlebe das immer wieder bei meinen Mitarbeitern in unserem Werk, in dem ich inzwischen seit mehr als 30 Jahren arbeite. Die meisten Menschen, die Gott in diesen Dienst gerufen hat, finanzieren sich teilweise oder komplett durch die Unterstützung eines Freundeskreises. Sie legen keinen Wert darauf, ihr Geld zu vermehren oder so viel wie möglich zu sparen. Eher das Gegenteil ist der Fall; viele von ihnen „überleben" gerade so mit einem Gehalt, das man heute als unterdurchschnittlich einstufen würde.

Dennoch kann ich sagen, so wie es Paulus in 2. Korinther 8,1 über die Gemeinde in Mazedonien zum Ausdruck brachte, dass diese treuen Diener überfließende

Freigebigkeit üben. Weil Gott sorgt (und das tut er tatsächlich immer), geben diese Geschwister gerne an andere weiter, was diese dringend brauchen – Kleidung, Haushaltswaren, frisches Gemüse aus dem eigenen Garten oder praktische Hilfe durch Reparaturen an Autos, im oder an Häusern.

Es ist wahrlich ein Segen, das sehen und Teil dessen sein zu dürfen.

Jedoch größere Freude, als gefüllte Lagerräume oder Kleiderschränke zu sehen, bereitet die Tatsache, dass Freundschaften geknüpft werden, Herzen zueinander finden und Gott durch seine Kinder verherrlicht wird. Dies ist alles nur möglich, weil Männer und Frauen sich entschlossen haben, zu geben und dankbar zu sein, anstatt zu jammern und Güter zu horten. Sie geben Gott und ihren Mitmenschen, und das mit einem dankbaren Herzen.

Gnade, Dankbarkeit und Geben – diese drei gehören zusammen.

Versuchen Sie, diesen Geist in Situationen Ihres eigenen Lebens wirken zu lassen, damit Menschen, die Sie lieben und schätzen, davon berührt werden – verletzte Menschen aus Ihrer Gemeinde oder Ihrem Bekanntenkreis. Denken Sie einmal daran, wie viele dieser Verletzungen und Risse in Beziehungen geheilt und gestärkt werden können, wenn unsere Dankbarkeit für Gottes Gnade unsere Bitterkeit verdeckt und die Mauern zwischen Menschen eingerissen werden.

Stellen wir uns nur einmal vor, welchen Einfluss dies auf unsere Welt hätte, eine Welt, die von Isolation, Egoismus und zerbrochenen Beziehungen geprägt ist. Durch unser Leben würden wir das Evangelium authentisch darstellen, indem wir einander mit Fürsorge, Sorgfalt, Großzügigkeit und Opferbereitschaft begegnen. Die Wahrheit, für die wir einstehen, würde glaubhaft werden. Und letztendlich würde Gott dadurch verherrlicht werden.

Dies kann tagtäglich geschehen, wenn Gottes Gnade in unserem Leben Realität wird, wenn wir uns immer wieder daran erinnern, was uns durch das Wunder der Erlösung geschenkt wurde, und unsere ehrliche Reaktion darauf ein Dankeschön an Gott oder andere Menschen ist. Wie auch immer seine Ausdrucksform aussehen mag.

Unerschöpflich. Überfließend. Eine Gnade, die nicht nur uns gilt und die wir für uns behalten, sondern die wir täglich multipliziert weitergeben dürfen.

Das ist das Ergebnis christlicher Dankbarkeit.

Warum also entfaltet sich nur so wenig von dieser dauerhaften Dankbarkeit als Antwort auf Gottes Gnade in unserem eigenen Herzen und in den Herzen unserer Mitchristen? Ein Grund ist der, dass ein mächtiger Unruhestifter alles tut, um immer wieder zu verhindern, dass wir aufrichtig dankbar sind. Dieser Gegner ist nicht schwer ausfindig zu machen, denn er lauert in jedem menschlichen Herz.

Anmerkungen

1 Oswald Chambers, *Mein Äußerstes für sein Höchstes*, 20. November, R.Brockhaus Verlag, Witten, 1998.

2 W. E. Vine; *The Expanded Vine's Expository Dictionary of New Testament Words*, s. v. „thanks".

3 Spiros Zodhiates, *The Complete Word Study New Testament*, AMG Publishers, Chatanooga, 1991, 906.

4 Marvin Olasky, „Thank vs. Thank You", *World* magazine, 24. November 2007.

Kapitel 3
Nein danke!

Wir alle sind mehr oder weniger undankbare Kinder, die nur schwer die unergründliche Liebe Gottes uns gegenüber begreifen.

Elisabeth Elliot[1]

Es war fast Mitternacht am Freitag, dem 7. September 1860, als das Schiff *Lady Elgin* seine Fahrt auf dem *Lake Michigan* begann. Es war auf der Rückreise von Chicago nach Milwaukee. Auf der Passagierliste standen ca. 400 Namen. Die meisten Personen waren Mitglieder des *Irish Union Guard*, die zusammen mit ihren Familien die letzten Sommertage nutzten, um Spenden für ihre Einheit zu sammeln.

Nach Abendessen, Tanz und einer Rede des demokratischen Präsidentschaftskanditaten, Stephen A. Douglas, endeten die Abendveranstaltungen. Obwohl Wind und Regen unheilvolles Wetter verhießen und der Kapitän in Erwägung zog, die Abfahrt auf den Morgen zu verschieben, entschied man sich letztendlich doch, den Anker zu lichten.

Bis tief in die Nacht hinein waren die Passagiere guter Stimmung und aus den großen Salons an Bord der *Lady Elgin* drang Tanzmusik. Die Kapelle spielte noch, als irgendwann zwischen 2:00 Uhr und 2:30 Uhr morgens eine Erschütterung durch das gesamte Schiff ging. Öllampen zersprangen, was zu Panik unter den Passagieren führte.

Der 39 Meter lange, mit Holz beladene Schoner *Augusta* hatte sich bei voller Fahrt in die Backbordseite des Dampfers *Lady Elgin* gebohrt.

Auf den ersten Blick schien es, als hätte der kleinere Schoner den größeren Schaden erlitten. Die Crew des Dampfers winkte die *Augusta* sogar weiter, da man dachte, aufgrund des vermeintlich größeren Schadens sei es besser, wenn sie als Erstes die Küste erreichen würde. Doch innerhalb einer halben Stunde brachen die Dampfkessel und der Motor durch den geschädigten Boden des Dampfers und rissen ein Loch in den Rumpf.

Das große Schiff brach zusammen.

Die *Lady Elgin* sank.

Sechs Stunden lang hielten sich Überlebende an Rettungsbooten und Trümmerteilen fest, während Blitze den Himmel durchzuckten und somit der Horror für Sekundenbruchteile sichtbar wurde. Nordwinde und starke Wellen trieben die Überlebenden auf das Steilufer von Evanston, Illinois, zu. Anwohner und Farmer wurden von den Hilfeschreien der Männer und Frauen geweckt. Sie liefen los, um zu helfen und eine Rettungsaktion zu organisieren.

Unter den Freiwilligen war Edward Spencer, ein Theologiestudent der nahe gelegenen *Northwestern University*. Er war am Mississippi aufgewachsen und ein durchtrainierter Schwimmer. Er band sich ein Seil um die Hüften, tauchte in die tosenden Wellen des *Lake Michigan* und zog ein Opfer nach dem anderen ans Ufer. Mit aller Kraft, die er aufbringen konnte, kämpfte er gegen den grausamen Sog, der viele Menschen, die der Rettung doch schon so nahe gekommen waren, an die Klippen schleuderte.

Während er mit seinen starken Armen einen nach dem anderen aus dem Wasser zog, fügten ihm scharfe Wrackteile Schnittwunden an Kopf und Körper zu. Immer und immer wieder kehrte er mit einem Geretteten zum Ufer zurück, das Gesicht blutüberströmt, die Muskeln schmerzend.

Zwischendurch sammelte er am Lagerfeuer neue Kräfte und Atem, bis er wieder eine kraftlos gegen das Ertrinken kämpfende Person in der Brandung entdeckte. Dann warf er die Decke, die um seine Schultern lag, damit er nicht auskühlte, ab und stürzte sich erneut ins Wasser. Seine Muskeln verkrampften immer wieder, während er sich durch die Strömung kämpfte.

Schließlich verdankten 17 der 30 Opfer, die am Ufer von Evanston an jenem Tag überlebt hatten, ihr Leben dem heldenhaften Einsatz von Edward Spencer.

Bedeutete dieser Mut den Beginn eines neuen Lebens für so viele, so war er für den jungen Studenten selbst jedoch das Ende all seiner Träume. Er konnte sich nie wieder komplett von den körperlichen Anstrengungen jenes schicksalhaften Tages erholen und war deshalb gezwungen, sein Studium, seinen Job, seinen Traum, Pastor und

Dozent zu werden, aufzugeben. Berichten zufolge litt er nahezu den Rest seines Lebens unter Lähmungen und war auf den Rollstuhl angewiesen.

Manche Zeitungen berichteten von seiner Heldentat, und er wurde bei verschiedenen Anlässen geehrt, doch seine Antwort auf die Frage von Reportern, an was er sich in Bezug auf die Rettungsaktion erinnerte, ist erschütternd: „Nur an eins: Keine der 17 Personen, die ich gerettet habe, hat sich jemals bei mir bedankt.“[2]

Wäre das zu viel verlangt gewesen?

Lektion eines Leprakranken

Wahrscheinlich ist die Geschichte aus Lukas 17, in der von der Heilung zehn leprakranker Männer berichtet wird, das drastischste Bild für Undankbarkeit. Wir erinnern uns, dass diese zehn Männer die Aufmerksamkeit Jesu auf sich gezogen hatten, als dieser in eine namentlich nicht erwähnte Stadt zwischen Samaria und Galiläa kam. „Sie standen von ferne“ und riefen ihn (vgl. Vers 12). „Sie erhoben ihre Stimme und sprachen: Jesus, Meister, erbarme dich unser“ (Vers 13).

Hier haben wir nun vor dem Hintergrund dessen, was wir im letzten Kapitel gesehen haben, ein praktisches Bild für *Schuld* und *Gnade*, menschliche Bedürftigkeit und Gottes Erbarmen.

Wie Sie vielleicht wissen, ist Lepra in der Bibel ein Symbol für die Sünde. Nicht dass diese Männer zwangsläufig mehr als andere gesündigt hätten, aber das Verhalten und Leiden von Menschen mit dieser ansteckenden

Hautkrankheit spiegelte die Art und die Konsequenz von Sünde treffend wider. Da Leprakranke nämlich kultisch unrein waren, mussten sie außerhalb des Dorfes leben, getrennt von denjenigen, die sich frei bewegen konnten. Zudem sind abfallende Gliedmaßen und Entstellungen im Gesicht Symbole für innerliche, oftmals unsichtbare Narben, die Auswirkungen von Sünde in dem menschlichen Herz und Geist sind.

Deshalb würde man annehmen, dass wir, nachdem Jesus diese Männer geheilt und sie zu den Priestern gesandt hatte, damit diese die wundersame Wiederherstellung ihrer Gesundheit offiziell und öffentlich bestätigten, in den folgenden Versen etwas über die Dankbarkeit finden würden. Schuld, die von Gnade überdeckt wird, sollte tiefe Dankbarkeit hervorrufen.

Aber auch hier, bei den geheilten Leprakranken, ist, wie bei den Menschen, die von Edward Spencer gerettet wurden, schwerlich etwas von Dankbarkeit zu finden. Sicherlich sind einige (verständlicherweise) schnellstens nach Hause gelaufen, um ihren Familien von ihrer Heilung zu erzählen. Vielleicht waren manche auch völlig geschockt. Möglicherweise sind auch ein paar von ihnen später losgezogen, um sich noch bei Jesus zu bedanken, hatten dann aber die Gelegenheit verpasst.

Wie wir sehen, hat das Ausbleiben von Dankbarkeit nicht immer mit Gefühllosigkeit oder Gleichgültigkeit zu tun. Manchmal steht sie einfach zu weit unten auf unserer To-Do-Liste, und irgendwann können wir unser Versäumnis einfach nicht mehr nachholen.

Für einen der geheilten Leprakranken war Dankbarkeit die erste, unmittelbare Reaktion auf die empfangene

Gnade. Bevor er davoneilte, um alles das nachzuholen, was er jahrelang als Ausgestoßener nicht hatte tun können, kehrte er nach seinem Termin mit dem Priester zu seinem Retter zurück, um ihm zu danken.

Es war ihm egal, wer ihn hören könnte. Er scherte sich nicht darum, wie staubig der Boden zu Jesu Füßen war. Auch kümmerte ihn nicht, wohin die anderen Geheilten gelaufen waren oder dass er alleine war und seine überschwängliche Freude auf andere lächerlich wirken könnte. Er wollte sich einfach nur bedanken. Nichts war für ihn wichtiger. Vor allem anderen wollte er „Danke, Herr!“ sagen.

Als nun Jesus fragte: „Sind nicht die zehn gereinigt worden? Wo sind die neun? Haben sich sonst keine gefunden, die zurückkehrten, um Gott Ehre zu geben, außer diesem Fremdling? “ (Verse 17-18), war die Schande der Undankbarkeit förmlich zu spüren. Nur die überglücklichen, lautstarken Dankesworte eines Einzelnen hallten durch die Dorfstraßen.

Die Worte, die Jesus nun dem dankbaren Samariter gegenüber aussprach, bedeuteten noch mehr als die körperliche Heilung für alle anderen Ausgestoßenen: „Steh auf und geh hin! Dein Glaube hat dich gerettet“ (Vers 19). Dieser Mann hatte nicht nur körperliche Heilung erfahren; er wurde auch geistlich errettet.

Die anderen neun Männer kehrten zu ihrem für immer verloren geglaubten Leben zurück. Sie kamen wieder mit ihren Freunden, Eltern und Kindern zusammen. Ich bin mir sicher, dass sie niemals wieder jenen Tag vergaßen, an dem ihr langer, schrecklicher Albtraum auf wundersame Weise in einen schönen Traum verändert wurde, der endlich wahr wurde.

Wenn sie nicht zu einem späteren Zeitpunkt zu Jesus zurückgegangen sind – die Bibel berichtet uns allerdings nichts davon –, dann konnten sie den Rest ihres neuen Lebens genießen; allerdings blieb ein fader Beigeschmack der Leere zurück: Sie waren gesundheitlich wiederhergestellt, allerdings waren sie fern von Jesus geblieben.

Danke für nichts

Undankbarkeit. – Wenn wir diese Art der Sünde bei unseren Mitmenschen entdecken, empfinden wir sie als abstoßend – besonders dann, wenn unsere Großzügigkeit oder unser Opfer nicht wertgeschätzt wurde. Jesus hätte sich völlig zu Recht über diejenigen ärgern können, die es nicht einmal für nötig befunden hatten, Danke zu sagen, und das, obwohl ihr allergrößter Wunsch in Erfüllung gegangen war.

Aber wie oft versäumen wir selbst es, uns für erwiesene Freundlichkeiten zu bedanken – für eine Aufgabe, die uns abgenommen oder erspart wurde – und wir sind uns unserer Undankbarkeit nicht einmal bewusst?! Langsam stumpfen wir immer mehr ab, wobei sich Anspruchsdenken und Verärgerung um unser Herz schließen, bis wir schließlich gar keine Worte des Dankes mehr über unsere Lippen bringen.

Das kann ganz schnell geschehen ... selbst in den besten Beziehungen.

Vor einigen Jahren begann ich in meiner Radiosendung *Revive Our Hearts* mit einem 30-tägigen Experiment für Ehefrauen. Ich wollte die Frauen ermutigen, sich in zwei kleinen Schritten ihrer Undankbarkeit zu stellen und eine dankbare Haltung in ihrer Ehe zu fördern:

1. Während dieser 30 Tage sollten die Frauen nichts Negatives über ihren Ehemann sagen – weder ihm direkt noch anderen gegenüber.

2. Während dieser 30 Tage sollten sie mindestens einmal pro Tag eine Sache nennen, die sie an ihrem Ehemann bewunderten oder schätzten. Sie sollten es ihm selbst, aber *auch* einer anderen Person sagen.

Es ist schon erstaunlich, wie kompliziert die Frauen dieses Experiment fanden.

Eine Zuhörerin meldete sich bei uns und sagte: „Gestern habe ich mich auf dieses Experiment eingelassen, aber ich habe bereits versagt! Ich brauche richtig viel Hilfe. Was mich 42 Jahre lang bei meinem Mann anzog, war seine ruhige Art. Heute aber machen sein Schweigen und seine Gelassenheit mich schier verrückt." Für manche Frauen scheint es nahezu unmöglich zu sein, Kritik zurückzuhalten und Dankbarkeit auszudrücken.

> Wie oft versäumen wir jedoch, uns für erwiesene Freundlichkeiten zu bedanken; für eine Aufgabe, die uns abgenommen oder uns erspart wurde!

Gott sei Dank waren jedoch viele Frauen bereit, sich in dieser Sache zu ändern. Im Laufe der Zeit habe ich von Hunderten von Frauen gehört, die sich dieser Herausforderung gestellt haben. Viele von ihnen waren über das Ausmaß ihres undankbaren, kritischen Geistes regelrecht schockiert.

Eine Frau schrieb mir: „Als ich mit dem Experiment anfing, glaubte ich noch, dass ich nur ab und zu negativ mit oder über meinen Mann sprechen würde. Dann aber war ich überrascht, wie oft negative Gedanken durch meinen Kopf kreisten, und es kostete wirklich Mühe, sie nicht über meine Lippen kommen zu lassen. Ich habe mich so daran gewöhnt, viele schlechte Dinge über ihn zu denken, die dann auch aus mir herausplatzten. Dieses herausfordernde Experiment hat die Art meiner Kommunikation mit meinem Mann verändert."

Ja, der Weg von Undankbarkeit zur Dankbarkeit ist schwierig, aber er ist auch lohnenswert.

Eine andere Frau schrieb mir: „Ich bin seit 40 Jahren verheiratet. Nachdem ich heute Ihre Botschaft gehört habe, wurde mir bewusst, dass ich im Laufe der Jahre die Gewohnheit, mich bei meinem Mann zu bedanken, immer mehr vernachlässigt habe. Ab heute will ich das ändern. Während ich diese E-Mail schreibe, ist er dabei, den Rasen zu mähen. Wenn er hereinkommt, werde ich ihn dafür loben, wie schön der Rasen aussieht. Heute ist es schrecklich heiß, und er gibt sich so viel Mühe, dass der Rasen gut aussieht."

Es ist überraschend, wie leicht sich Undankbarkeit in unser Verhaltensmuster einschleicht.

Wenn man es genau betrachtet, sollte uns das allerdings nicht so sehr erstaunen, denn Undankbarkeit ist eine Pfahlwurzel, aus der jede Menge anderer Sünden wachsen können. Wenn wir diese Wurzel nicht rigoros herausreißen, nutzt Satan sie, um in unseren Herzen eine Quelle der Hässlichkeiten entstehen zu lassen.

Haben Sie das Gefühl, dass ich ein wenig übertreibe?

Nun, was denken Sie, wenn Sie sich das erste Kapitel des Römerbriefes in Erinnerung rufen? Vielleicht erinnern Sie sich, dass Paulus bei seinen einleitenden Worten von „dem Zorn Gottes“ spricht, der über die „Ungerechtigkeit der Menschen“ geoffenbart werden wird (Vers 18). Er zählt auf: Ungerechtigkeit, Bosheit, Habsucht, Schlechtigkeit (Vers 29) und jede Menge anderer Sünden, einschließlich homosexueller Perversion und deren gesellschaftlicher Akzeptanz und Anerkennung – also jede nur vorstellbare Sünde.

Wo aber beginnen diese schrecklichen Sünden? Was veranlasst Menschen (und die Gesellschaft allgemein) dazu, noch üblere Sünden zu begehen? Wir finden die Antwort in Vers 21: „Weil sie Gott kannten, ihn aber weder als Gott verherrlichten noch ihm Dank darbrachten, sondern in ihren Überlegungen in Torheit verfielen und ihr unverständiges Herz verfinstert wurde.“ Diese scheinbar unbedeutende, harmlose Tatsache der Undankbarkeit scheint der Ursprung aller anderen Boshaftigkeiten zu sein, die wir in diesem Kapitel finden!

Es gibt keine Grenzen, wenn es darum geht, was alles aus der Wurzel der Undankbarkeit entstehen kann. Dr. D. James Kennedy sagte in Bezug auf diesen Abschnitt im Römerbrief: „Eine undankbare Person ist nur einen Schritt von der Illegalität entfernt, wenn er oder sie meint, die eigenen Bedürfnisse stillen zu müssen.“[3]

Erkennen Sie, wie schwerwiegend die Sünde der Undankbarkeit wiegt? Erinnern Sie sich an das erste Kapitel dieses Buches und daran, welchen Platz viele Christen der Dankbarkeit einräumen, wie oft sie vernachlässigt wird, weil wir meinen, es gäbe „wichtigere" Eigenschaften, die wir als Christen uns aneignen sollten? Tatsache jedoch ist, wenn wir dem Jammern und Nörgeln nachgeben, wenn wir Gott nicht ehren und ihm nicht danken (Römer 1,21), finden wir uns ganz schnell auf einem Weg nach unten – in Tiefen, die wir uns niemals vorzustellen wagten.

Es ist tatsächlich so: Undankbarkeit ist der erste Schritt weg von Gott.

Urheber der Undankbarkeit

Vielleicht fragen Sie sich jetzt, ob ich nicht ein zu großes Aufhebens um die ganze Sache mache. Ich versichere Ihnen: Das ist nichts, was man auf die leichte Schulter nehmen sollte. Undankbarkeit ist eine der tödlichsten Waffen des Feindes. Unsere Familien und Gemeinden leiden schrecklich unter den Folgen von Undankbarkeit. Tatsächlich spürt unsere gesamte Gesellschaft die Konsequenzen. So vieles in unserem Leben, das falsch läuft – Beziehungen und Situationen, die aus dem Ruder laufen –, ist auf die Wurzel der Undankbarkeit zurückzuführen. Deshalb müssen wir unser Herz gegen jede mögliche Undankbarkeit schützen und auf verräterische Zeichen, Gefühle und Verhaltensweisen achten, die sich in unseren Herzen festsetzen können. Solche wie z. B.:

Unrealistische Erwartungen. Wir haben große Erwartungen – in Bezug auf unser Leben, unseren Beruf, auf Menschen; aber egal, wie viel Gutes wir im Leben erfahren, es ist niemals so viel, wie wir erwarten. Wir brauchen zwar Gott, aber wir wollen ihn nicht immer; wir erwarten, dass andere Menschen in unserem Leben seine Stelle einnehmen; wir verlassen uns auf sie, dass sie unsere Entscheidungen mittragen; dass sie uns ständig und bedingungslos lieben und unseren emotionalen, physischen, sozialen „Tank“ füllen. Wenn sie uns aber enttäuschen – was zweifellos passieren wird –, lassen wir es zu, dass sich unsere unerfüllten Erwartungen in Groll verwandeln, der unsere Herzen und Beziehungen vergiftet, anstatt Gott für seine unveränderliche Liebe und Treue zu danken, die uns immer wieder mit dem versorgt, was wir brauchen.

Vergesslichkeit. Als die Israeliten in das Verheißene Land einzogen, ermahnte Gott sie, dass sie den Einen nicht vergessen sollten, der sie aus der Sklaverei in Ägypten herausgeführt und in dieses gute Land gebracht hatte. Die Worte „Denke daran“ sind wichtige Schlüsselworte im fünften Buch Mose:

> *Denke daran, dass du Sklave warst im Land Ägypten und dass der HERR, dein Gott, dich mit starker Hand und mit ausgestrecktem Arm von dort herausgeführt hat!*
> 5. Mose 5,15

> *Denk doch daran, was der HERR, dein Gott, dem Pharao und allen Ägyptern angetan hat.*
> 5. Mose 7,18

> *Und du sollst an den ganzen Weg denken, den der HERR, dein Gott, dich diese vierzig Jahre in der Wüste hat wandern lassen.*
> 5. Mose 8,2

[Du] sollst [...] nicht denken: Diesen Reichtum habe ich mir selbst zu verdanken, der Kraft meiner Hände. Denk vielmehr an Jahwe, deinen Gott, denn er gibt dir die Kraft, Vermögen zu schaffen.
5. Mose 8,17-18; NeÜ

Jedoch dachten die Kinder Israel nicht daran. Im Gegenteil ... sie vergaßen:

Den Felsen, der dich gezeugt, täuschtest du und vergaßest den Gott, der dich geboren.
5. Mose 32,18

Sie vergaßen seine Taten und seine Wunder, die er sie hatte schauen lassen.
Psalm 78,11

Sie vergaßen Gott, der sie rettete, der große Dinge getan in Ägypten.
Psalm 106,21

Vergesslichkeit und Undankbarkeit gehören eng zusammen. Sie vergaßen, Gott für seine Errettung, seine Treue, seine Versorgung, seinen Schutz und seine Wunder an ihnen zu danken.

Niemals dürfen wir vergessen, dass er uns errettet hat „aus der Macht der Finsternis und versetzt [hat] in das Reich des Sohnes seiner Liebe" (Kolosser 1,13). Wir müssen daran denken, dass er uns immer wieder durch seine Gnade all unseren Mangel erfüllt und uns erhält.

Wenn wir das alles vergessen, öffnen wir nicht nur der Undankbarkeit Tür und Tor, sondern wir „kommen auch um“ (wie Gott den Hebräern in 5. Mose 8,19 verheißen hatte), d. h. wir sterben jeden Tag ein bisschen mehr, obwohl wir ein erfülltes Leben führen könnten.

Anspruchsdenken

Während ich an diesem Buch arbeitete, tauschte ich mich mit einem etwa 80-jährigen Mann aus, der den Großteil seines Lebens treu mit dem Herrn lebte und ihm diente. In einer E-Mail beschrieb er Undankbarkeit als ein grundlegendes Problem:

> *Ich habe in meinem Leben immer wieder die Erfahrung gemacht, dass meine Unzufriedenheit oft auf ein gewisses Anspruchsdenken zurückzuführen ist. Das kann ich eindeutig als mein größtes Problem identifizieren.*

Wenn wir einfache Segnungen in unserem Leben als selbstverständlich ansehen oder gar noch meinen, unser Haus, unser Auto, unsere Garderobe oder unser Leben allgemein seien unser Verdienst, kommt die Undankbarkeit ganz von selbst.

Einer der unrühmlichsten Nebeneffekte aller Anstrengungen und Energien, die unsere Gesellschaft in individuelles und gemeinschaftliches Ansehen investiert hat, ist der, dass unsere Kultur die Messlatte von Verdienstmöglichkeiten sehr hoch gelegt hat. Je reicher wir sind – je höher unser Lebensstandard ist –, desto fordernder und unzufriedener werden wir. Achten Sie

Je höher unser Lebensstandard ist, desto fordernder und unzufriedener werden wir.

sorgsam darauf, wie hoch die Messlatte Ihrer Ansprüche ist – in Bezug auf das, was Sie zum Leben wirklich brauchen, und in Bezug auf die Dinge, auf die Sie verzichten könnten. Die Höhe Ihrer Ansprüche wird nahezu alles in Ihrem Leben beeinflussen.

Vergleichen

Vergleichen – das ist mehr, als nur darüber Buch zu führen, wer was hat, und darüber beunruhigt zu sein, dass man selbst nicht so viel hat wie der andere. Und es ist ebenso gefährlich und trügerisch, wenn wir über unsere vielen Opfer oder unsere schwierigen Aufgaben nachgrübeln, die wir zu erfüllen haben, die Überstunden, die wir investieren, oder unser Arbeitsniveau und unsere Verpflichtungen mit denen vergleichen, die die Menschen in unserem Umfeld haben. Immer dann, wenn wir uns selbst in den Fokus nehmen, selbst dann, wenn es um die guten Dinge geht, die wir tun, werden wir undankbar für das, was andere leisten. Wir verlieren unsere Dankbarkeit für unseren Ehepartner, unsere Kinder, unsere Freunde, unsere Mitarbeiter, wenn wir sie ständig in unseren Schatten stellen.

Wir sind die Schuldner. Gottes Gnadenerweise, die „jeden Morgen neu“ sind (Klagelieder 3,23), haben wir uns nicht selbst verdient, sondern sie sind Geschenke, die Gott seinen gefallenen Geschöpfen gewährt – denen, die er nach seinem Willen errettet hat. Wenn wir solche unverdienten Dinge ignorieren oder meinen, Gott sei dazu verpflichtet, sie uns zu geben, dann werden wir keinen Blick mehr für seine Liebe und Herrlichkeit in unserem alltäglichen Lebenskampf haben, und keine Freude wird mehr *in* unser und *aus* unserem Herz fließen.

Die Undankbarkeit raubt alles – gesunde Beziehungen, Demut, Zufriedenheit, Freude und ein Leben im Überfluss mit Christus.

Das ist also der berechtigte Grund, weshalb Paulus in seinem zweiten Brief an Timotheus die Undankbarkeit mit anderen negativen Eigenschaften wie Prahlerei, Lieblosigkeit, Grausamkeit und Verrat in einem Atemzug nennt (vgl. 2. Timotheus 3,1-5). Die Undankbarkeit gehört dazu, weil sie nicht weniger abscheulich ist als die anderen aufgezählten Gottlosigkeiten.

Betrachten wir es einmal so: Wenn Undankbarkeit so einen großen Einfluss haben kann, dann sollten wir sie durch Dankbarkeit ersetzen; in der Folge werden wir feststellen, dass viele andere Sünden aus unserem Leben verschwinden. Lesen Sie, was Paulus an die Epheser schreibt: „Unanständigkeit und albernes Geschwätz und Witzelei, die sich nicht geziemen, [sollen nicht einmal unter euch genannt werden], stattdessen aber Danksagung“ (Epheser 5,3-4).

Wenn Dankbarkeit einkehrt, bringt sie Segnungen und die Pracht der Heiligkeit mit sich.

In dieser Erwartung dürfen wir leben.

Wo Undankbarkeit stirbt

Paul David Tripp erinnerte sich in einem Beitrag in *The Journal of Biblical Counseling* (dt.: Magazin für Biblische Seelsorge) an Situationen, die er öfters während seiner vielen Reisen nach Indien erlebte. Einmal jedoch machte der Herr ihm etwas in aller Deutlichkeit klar.

Als er in Neu-Delhi einen der schrecklichsten Slums durchquerte, stand er plötzlich wie erstarrt vor einem etwa drei Jahre alten Jungen, der sich gegen das Feldbett seiner kränklichen, wahrscheinlich sterbenden Mutter lehnte. Die Augen des Jungen wirkten hohl, sein Magen war aufgebläht und sein Gesicht von Fliegen überzogen – ein typisches Bild für die riesengroße, schreckliche Armut, die dort herrschte.

Als Paul diese Szene beobachtete, strömten Tränen über seine Wangen, ein Ausdruck seines tiefen Mitgefühls. Er hatte das Bedürfnis, den Jungen mitsamt seiner Mutter in die Arme zu nehmen und von diesen elenden Nöten und dem unendlichen Mangel wegzubringen.

Aber es war mehr als bloßes Mitgefühl. Es war dieses Sich-Bewusstwerden, dass weder er noch dieser kleine Junge sich das eigene Lebensumfeld ausgesucht hatte. Es war Segen gewesen, in einer Umgebung aufzuwachsen, in der er reichlich gesunde Nahrung zu essen bekommen hatte; er war von gottesfürchtigen Eltern erzogen worden; er hatte eine Ausbildung in guten Schulen genießen dürfen; und er hatte sein Leben Christus übergeben, bevor ihn die Stürme des Lebens überrollt hatten. Das alles wurde ihm nun bewusst, während er sein Bestes gab, um diese beiden leidenden Menschen zu trösten.

„Der Unterschied zwischen mir und dem kleinen Jungen ist nicht zu erklären, außer dass der Herr die Umstände so zugelassen hatte“, schrieb Paul. „Als ich dort in diesem Slum stand, wogen all mein Jammern und Klagen wie eine Zentnerlast auf meinen Schultern. Wie niemals zuvor in meinem Leben durchströmte mich eine tiefe Dankbarkeit.“[4]

Kurz nachdem Paul wieder zu Hause angekommen war, besuchte ihn ein Gemeindeleiter aus Indien, der in den USA studieren wollte. Mitten in ihrer Unterhaltung fragte Paul den Mann, was er über Amerikaner im Allgemeinen dachte. Sein Gast fragte ihn – höflich, wie Asiaten nun einmal sind: „Soll ich ehrlich sein?“

„Ja“, antwortete Paul.

Aber wer hätte folgende Antwort erwartet: „Ihr habt keine Vorstellung davon, wie reich ihr seid, und dennoch jammert und klagt ihr permanent“?

Wer könnte hier widersprechen? Die Menschen bei uns, in den sogenannten westlichen Ländern, zeichnet eine große Undankbarkeit aus. Aber gilt das auch für uns Christen?

Wie ist es mit mir? Wie ist es mit Ihnen?

Jetzt wäre es an der Zeit, mit dem Herrn über diese Angelegenheit zu reden. Wenn Sie mir von Herzen zustimmen, dann lassen Sie uns folgendes Gebet sprechen:

O Herr, vergib mir bitte, dass ich so oft vergesse, wie gütig du bist; dass ich so tue, als würde mir mehr zustehen oder etwas anderes, als das, was du für mich vorgesehen hast; dass ich mich immer wieder mit anderen vergleiche und meinen Besitz mit dem, was sie haben; dass ich mir deiner Gnadenerweise so oft nicht bewusst bin und dass ich zulasse, dass Stolz und Undankbarkeit in meinem Herzen Wurzeln schlagen.

Vergib mir, dass ich so oft negativ über dich und deine Güte denke und mich unzufrieden und klagend bei anderen Menschen darüber auslasse.

Erwecke in mir einen echten Geist der Buße und gib mir ein überfließendes und überschäumendes Herz der Dankbarkeit – dir und anderen Menschen gegenüber.

Ich kann mir gut vorstellen, dass der Herr solch ein Gebet gerne von seinen Kindern hört.

Aus uns heraus streben wir gewiss nicht nach Dankbarkeit. Wir können jedoch daran arbeiten und auf das Kreuz sehen; wir können uns für die Dankbarkeit entscheiden und dem Geist erlauben, unsere Herzen neu darauf auszurichten. Gott sei Dank finden wir in seinem Wort Ermutigung dazu.

Anmerkungen

1 Elisabeth Elliot, *100 Ermutigungen*, SCM Hänssler, Holzgerlingen, 2003

2 Brandon Baillod, „The Wreck of the Steamer Lady Elgin", Great Lakes Maritime Press, http://www.ship-wreck.com/shipwreck/projects/elgin.
Siehe hierzu auch: Warren W. Wiersbe, *The Bible Exposition Commentary, New Testament, Vol. 2, S.* 114, Victor, Colorado Springs, 2001.

3 D. James Kennedy, „The Christian Magic Wand", gedruckte Predigt, S. 7, Coral Ridge Ministries, November 1996.

4 Paul David Tripp, „Grumbling: A Look at a ‚Little' Sin", *The Journal of Biblical Counseling, Vol. 18*, No. 2, Winter 2000:51.

Kapitel 4
Warum Sie sich für die Dankbarkeit entscheiden sollten

Dankbarkeit löst Freiheit aus,
um im Jetzt zufrieden leben zu können,
anstatt ängstlich in die Zukunft zu schauen
oder die Vergangenheit bedauern zu müssen
Ellen Vaughn[1]

Matthew Henry war ein puritanischer Prediger des 18. Jahrhunderts (sein Bibelkommentar erfreut sich nach wie vor großer Beliebtheit), der, als er in London lebte, eines Tages ausgeraubt wurde.

Vielleicht haben Sie selbst auch schon einmal etwas Ähnliches erlebt – sei es, dass Ihr Auto aufgebrochen wurde oder Sie nach Hause kamen und feststellen mussten, dass jemand in Ihre Wohnung eingestiegen ist. So etwas kann ziemlich traumatisch sein. Dies traf gewiss auch auf den ruhigen, nachdenklichen Matthew Henry zu.

Dennoch, nachdem er darüber reflektiert hatte (so schrieb er in sein Tagebuch), konnte er tatsächlich etwas finden, wofür er in seinem Unglück noch dankbar sein konnte:

> *Ich möchte dankbar sein, dass ich niemals zuvor ausgeraubt wurde; zweitens, dass man mir zwar mein Portemonnaie, aber nicht mein Leben genommen hat; drittens, dass, obwohl man mir alles genommen hat, es nicht viel war; und viertens, dass ich ausgeraubt wurde und nicht selbst geraubt habe.*[2]

Was für eine Perspektive! Jemand sagte einmal: „Wenn du nicht für das dankbar sein kannst, was du erhältst, dann sei wenigstens dankbar für das, was dir entgangen ist."

Es ist tatsächlich so: Wer sich entschlossen hat, Dankbarkeit zu seinem Lebensstil zu machen, kann alles – wirklich alles! – mit dankbaren Augen sehen. Die ganze Welt wird in einem anderen Licht erscheinen. Und diejenigen, die dankbar gegenüber Gott sind – und nicht alles ihren guten Genen oder Zufällen zuschreiben –, werden merken, dass ihre Beziehung zu Gott in vielerlei Hinsicht tiefer werden wird.

Wir haben bereits festgestellt, dass Dankbarkeit die reine und angemessene Art ist, um auf die rettende und erhaltende Gnade Gottes zu reagieren. Auch haben wir uns mit dem Gegenteil – der Undankbarkeit – befasst und gemerkt, wie trügerisch und gefährlich eine undankbare Haltung in unserem Leben und in unseren Beziehungen sein kann.

Warum jedoch sollten wir uns im täglichen Lebenskampf – dort, wo Enttäuschungen und Ansprüche eine lautere Sprache sprechen als unsere besten Absichten – für die Dankbarkeit statt für die Undankbarkeit entscheiden?

Nun, im Folgenden finden Sie schon einmal acht gute Gründe. Sie allein sollten schwerer wiegen als das, was auch immer uns dazu verleiten könnte, zu jammern und zu klagen.

1. Dankbarkeit ist eine Sache des Gehorsams

Ich wünschte, die Tatsache, dass Gott uns etwas gesagt hat, wäre für Sie und mich Grund genug, entsprechend zu handeln. Nicht weil wir dadurch weißere Zähne oder einen frischeren Atem bekämen oder sich das Verhältnis „Schulden/Einkommen“ verbesserte oder schlecht laufende Beziehungen gekittet würden, sondern weil Gott es gesagt hat. Dankbar sein, zum Beispiel.

„Opfere Gott Dank“, schrieb der Psalmist, „und erfülle dem Höchsten deine Gelübde“ (Psalm 50,14). „Preist den Herrn, ruft an seinen Namen und macht unter den Völkern kund seine Taten“ (Psalm 105,1). Die Psalmen sind voll von Aufforderungen, „den Herrn [zu] preisen [...]für seine Gnade und für seine Wunder an den Menschenkindern!“ (Psalm 107,8). Gott erwartet und befiehlt eine dankbare Einstellung.

Dieses Thema zieht sich wie ein roter Faden durch das Buch der Kolosser. Innerhalb weniger Seiten ermahnt der Apostel die Gläubigen, „immer“ dankbar zu sein (Kolosser 1,3), „überströmend mit Danksagung zu sein" (Kapitel 2,7), „fest im Gebet anzuhalten, darin zu wachen mit Danksagung" (Kapitel 4,2). Schließlich bringt Paulus es zusammenfassend auf den Punkt, indem er sagt: „Alles, was ihr tut, im Wort oder im Werk, alles tut im Namen des Herrn Jesus, und sagt Gott, dem Vater, Dank durch ihn" (Kapitel 3,17).

Wenn Sie sich zum Essen an den Tisch setzen, seien Sie dankbar. Wenn Sie sich aufmachen, um ins Bett zu gehen, seien Sie dankbar. Wenn Sie gerade eine zweiwöchige Erkältung mit Husten und Schnupfen überstanden haben; wenn Sie Rechnungen bezahlen müssen; wenn Sie Übernachtungsgäste hatten und wieder alles in Ordnung bringen müssen; wenn Sie im Gottesdienst anbeten; wenn Sie eine(n) Bekannte(n) im Krankenhaus besuchen; wenn Sie ihre Kinder nach der Schule abholen ...

Seien Sie dankbar, denn das ist Gottes Gebot – zu unserem Besten und zu seiner Verherrlichung.

2. Dankbarkeit zieht nach oben

Gottes Gebot zur Dankbarkeit ist keine drohende Forderung eines Tyrannen. Es ist viel eher eine einmalige Einladung – die Gelegenheit, ihm jederzeit nahe zu kommen.

Sehnen Sie sich manchmal danach, Gottes Nähe intensiver zu spüren?

Wenn der Druck immer stärker wird; wenn die Sorgen der Nacht übergroß werden; wenn die Tage sich in Eintönigkeit aneinanderreihen; wenn das Leben einfach nur öde und langweilig erscheint, sehnen Sie sich dann nicht einfach nach der Sicherheit seiner Gegenwart?

In der Bibel lesen wir, dass Gott unter den Lobgesängen Israels wohnt (s. Psalm 22,4). Gott wohnt dort, wo man ihn preist. Wenn wir ihm nahe sein wollen, dann sollten wir genau dorthin gehen, wo er ist.

Das ist in den Psalmen ein wiederkehrendes Thema: „Zieht ein in seine Tore mit Dank, in seine Vorhöfe mit Lobgesang!“ (Psalm 100,4). „Lasst uns vor sein Angesicht treten mit Dank“ (Psalm 95,2). Danksagung treibt uns buchstäblich in Gottes Gegenwart.

Im Alten Testament war die Stiftshütte der Ort, den Gott geheiligt hatte, um mit seinem Volk Gemeinschaft zu haben. Vor dem Eingang in das Allerheiligste – den heiligen Ort, an dem Gott wohnte – stand der Räucheraltar. Jeden Morgen und jeden Abend brachte der Priester wohlriechendes Räucherwerk dar, ein Symbol für die Gebete und Danksagungen des Volkes Gottes, das danach trachtete, Gott nahe zu kommen.

Diese alten Rituale waren Symbole für die Art von Beziehung, die wir als Gläubige des Neuen Testamentes jederzeit und überall mit Gott haben dürfen. Mit seinem Opfertod am Kreuz hat Christus uns den Zugang zum Vater ermöglicht durch seinen Geist, der in uns lebt.

Achten Sie darauf, was geschieht, wenn Sie Ihr Herz wieder neu für den Herrn öffnen und Ihre Anbetung über die alten, abgedroschenen, fast obligatorischen Phrasen des Dankes und des Preises hinausgeht. Dann, wenn Sie ihn wirklich „mit Dank erheben“ (Psalm 69,30).

Achten Sie darauf, ob der Herr in Ihren Augen nicht größer wird, wenn Sie ihm danken, sodass Sie ihn, der

Ihren Namen kennt und die Haare Ihres Kopfes zählt und der seine Liebe durch ständige Segnungen Ihnen gegenüber erweist, immer tiefer erkennen. Meinen Sie nicht, dass die bewusste Dankbarkeit Sie näher zum Herrn führen wird – dorthin, wo Ihr Glaube es begreifen kann, und dorthin, wo Ihr Herz es spürt? Dankbarkeit bringt uns in Gottes Wohnzimmer. Sie ist der Schlüssel zu seiner Gegenwart.

3. Dankbarkeit ist ein sicherer Weg zum Frieden

Ich kenne viele Frauen, die ganz offensichtlich keinen inneren Frieden haben. Manchmal gehöre ich selbst auch zu ihnen. Ich spreche nicht von jenem Frieden, den man gedanklich mit einem Tag ohne Termine in Verbindung bringt, an dem man es sich mit einer heißen Tasse Tee und einem guten Buch auf dem Sofa bequem machen kann. Der Frieden, von dem ich spreche, hat nichts mit einer Berghütte oder einem Wochenendtrip zu tun. Er ist immer und überall erfahrbar, selbst in den stressigsten Momenten und an den hektischsten Orten Ihres Lebens.

Dankbarkeit bringt uns in Gottes Wohnzimmer.

Aber nur die Dankbarkeit weiß, wo er zu finden ist.

Säßen wir einander an einem Tisch gegenüber, könnte ich Ihnen, ohne viel nachzudenken, sagen, was Ihnen in diesem Moment gerade den Frieden raubt. Vielleicht trauern Sie um einen Verlust, den Sie nicht aus Ihrer Gedankenwelt herausbekommen. Vielleicht weinen Sie sich nachts in den Schlaf, weil Sie sich Sorgen um Ihre Tochter oder Ihren Sohn machen, um Ihre gescheiterte Ehe, um ein Kind, das eine medizinische Untersuchung braucht. Vielleicht haben Sie selbst gesundheitliche Beschwerden oder Ihr Einkommen reicht nicht für Ihre monatlichen Ausgaben oder in Ihrer Gemeinde rumort es wegen irgendwelcher heißen Eisen.

Uns ist schon bewusst, dass wir solche Probleme im Gebet vor Gott bringen können und dürfen. Aber Beten ist nicht das Einzige, was wir tun können und sollten. „Seid um nichts besorgt", schrieb Paulus, „sondern in allem sollen durch Gebet und Flehen mit Danksagung eure Anliegen vor Gott kundwerden; und der Friede Gottes, der allen Verstand übersteigt, wird eure Herzen und eure Gedanken bewahren in Christus Jesus" (Philipper 4,6-7).

Um es einfach auszudrücken:

In *jeder* Situation: *Gebet + Danksagung = Friede*

Wenn unser Gebet Dank einschließt; wenn wir unsere Augen weit genug öffnen, um Gottes Gnade auch inmitten unseres Schmerzes zu erkennen; wenn wir ihm glauben und danken. Auch dann, wenn diese Gnade nicht erkennbar ist, wird er uns unbeschreiblichen Frieden geben. Das ist ein Versprechen.

Klar, wir können die Sache auch anders angehen. Ohne Dank. Die Autorin und Bibellehrerin Beth Moore beschreibt, wie die meisten Menschen mit dem bekannten Abschnitt aus Philipper 4,6-7 umgehen, nämlich indem sie seine Aussagen umkehren:

> *Seid in nichts beruhigt, sondern verschlimmert eure Sorgen, indem ihr ständig darüber nachgrübelt und euch von Gott angegriffen fühlt, mit Gedanken wie:* Das ist der Dank, den ich dafür bekomme; *sagt jedem anderen diese Dinge, aber nicht Gott selbst. Und die Säure in eurem Magen, die alle Milchprodukte überwindet, wird ein Geschwür verursachen; und die daraus entstehenden Arztrechnungen werden einen Herzanfall auslösen und euch um den Verstand bringen.*[3]

Gebet ist lebensnotwenig, aber um wirklich Gottes Frieden zu erfahren, müssen wir ihm mit Danksagung nahen. Nicht mit leichter Dankbarkeit. Mit Dankbarkeit, die uns etwas kostet. Einer Dankbarkeit, die darauf vertraut, dass er alles zu unserem Guten mitwirken lässt – auch in den unangenehmsten Situationen; einer Dankbarkeit, die unsere Herzen und unseren Verstand mit einem unerklärlichen Frieden umgibt.

Befinden Sie sich in einer oder mehreren schwierigen, unsicheren Situationen? Ist Ihre Seele durch Belastungen, Stress und Anspannung müde geworden? Lassen Sie sich sagen: Jenseits bewusster Dankbarkeit ist Frieden – Gottes Frieden – zu finden. Aber Sie werden ihn nur dann finden, wenn Sie ihn auch aktiv suchen. Gottes Frieden ist eine der vielen Segnungen, die aus Dankbarkeit resultieren.

4. Dankbarkeit ist das Maß des Herzens

Wenn Sie Freunde zum Essen einladen, bringen Sie damit zum Ausdruck, dass Sie gerne mit ihnen zusammen sind und die Gemeinschaft mit ihnen genießen. Wenn Sie sich dazu entschließen, sonntagsmorgens zum Gottesdienst zu gehen, zeigen Sie dadurch, dass Ihnen Anbetung und die Gemeinschaft mit anderen Christen wichtiger sind, als auszuschlafen, als politische Gesprächsrunden, ein gemütlicher Brunch oder das Kreuzworträtsel in der Tageszeitung.

Auch wenn Sie Gott für seine offensichtlichen, aber auch für die unscheinbaren Segnungen (auch die, die schwer zu begreifen sind) danken können, ist das ein Zeichen dafür, dass Ihr Herz zu Gottes Herz hingezogen ist und dass Sie der Überzeugung sind, dass er gut, treu und vertrauenswürdig ist.

Wenn Sie im Laufe des Tages feststellen, dass göttliche Dankbarkeit Sie ergreift, dann wird das nicht das Ergebnis eines Neujahrsvorsatzes sein. Zumindest wäre es in dem Fall nicht von Dauer. Nur diejenigen, die wirklich wissen, wer, was und wo sie wären, wenn Gott nicht eingegriffen und sie vor sich selbst gerettet hätte, schaffen es, eine dauerhaft dankbare Haltung Gott gegenüber zu pflegen.

In Psalm 140,14 lesen wir: „Ja, die Gerechten werden deinen Namen preisen." Dankbarkeit ist der Indikator für den Ist-Zustand unseres Herzens. Diejenigen, die durch Gottes Gnade gerechtfertigt wurden, sind dankbare Menschen.

Vor einigen Jahren hatte ich das Vorrecht, meine liebe Freundin Joni Eareckson Tada zu interviewen. Seit einem Tauchunfall, den sie im Alter von 17 Jahren hatte, ist sie querschnittsgelähmt und auf den Rollstuhl angewiesen. Und das sind inzwischen über 40 Jahre! Sie hat unzählige Menschen – mich eingeschlossen – mit ihrem fröhlichen Durchhaltevermögen inspiriert, und das trotz ihrer extremen körperlichen Einschränkungen und anderer zahlreicher, berechtiger Gründe zum Jammern und Klagen.

Was Joni nicht wusste, war, dass an dem Tag, als wir uns zum Interview trafen, mein Herz von Sorgen über unseren Dienst regelrecht niedergedrückt war. Um ehrlich zu sein: Seit Monaten hatte ich schon keine echte Freude mehr empfunden. Während unseres Gespräches war ich fasziniert von der unbändigen Freude dieser Frau, die millionenfache Herausforderungen und Probleme zu bewältigen hatte, welche meine eigenen so winzig erscheinen ließen. In Erwartung eines Ratschlags für mich und unsere Zuhörer, fragte ich Joni: „Wie bewahrst du dir so eine fröhliche Einstellung angesichts der täglichen Herausforderungen, mit denen du konfrontiert wirst?" Nach einer kurzen Pause antwortete sie: „Weißt du, Nancy, ich habe mich jahrelang einfach dazu gezwungen, „in allen Dingen" Danke zu sagen, sodass dies irgendwann zum natürlichen Reflex wurde."

Von allem, was Joni mir in diesem Gespräch sagte, drang diese Aussage besonders tief in mein Herz ein. Mir wurde bewusst, dass seit Jahren mein erster Reflex meistens „Klagen" statt „Danken" war. Das zeigte sich darin, dass ich mir Sorgen machte, der Entmutigung nachgab und negative Gedanken über Druck und Probleme äußerte; diese Reaktion war zu meiner Grundeinstellung geworden. An jenem Tag zeigte mir der Herr, dass ich meine Einstellung ändern musste, dass ich „in allen Dingen dankbar" sein sollte. Ich kann nicht behaupten, dass ich es bereits geschafft habe, aber das ist mein Ziel.

Ein dankbares Herz, das vor Freude übersprudelt, entsteht nicht von jetzt auf gleich. Es ist die Frucht von tausend Entscheidungen. Es ist eine göttliche Angewohnheit, die wie ein Muskel in unserem geistlichen Workout trainiert werden muss. Und auch wie alle anderen heiligen Charaktereigenschaften macht uns die Dankbarkeit nicht liebenswürdiger oder annehmbarer vor Gott, aber an ihr lässt sich messen, wie nah unser Herz bei unserem Herrn ist. Suchen und streben Sie danach, und Sie werden viel darüber lernen, wie Sie in der Gnade wachsen – oder abnehmen.

Ein dankbares Herz, das vor Freude übersprudelt, entsteht nicht von jetzt auf gleich. Es ist die Frucht von tausend Entscheidungen.

5. Dankbarkeit ist der Wille Gottes

Immer wieder fragen Menschen, wie sie den Willen Gottes für ihr Leben erkennen, besonders wenn es um entscheidende Weichenstellungen geht. Wir alle kennen Zeiten, in denen wir besonders nach Gottes Willen suchen; wenn es um große, komplizierte und lebensentscheidende Dinge wie die richtige Ausbildung, die Berufswahl und die Wahl eines Ehepartners geht.

Interessant ist es jedoch festzustellen, dass, wenn wir Gottes Wort aufschlagen, um seinem Willen auf den Grund zu gehen, wir nicht viele Hinweise darauf finden, was wir tun, wo wir hingehen und welche Menschen wir treffen sollen. Der Grund dafür ist, dass es bei Gottes Willen nicht so sehr um Orte, einen Beruf oder einen bestimmten Ehepartner geht; für Gott sind vielmehr das Herz und der Lebensstil entscheidend. Was wir in der Bibel allerdings in Bezug auf Gottes Willen finden, gilt nicht nur für mich oder für Sie, sondern für uns alle.

Und das trifft eben auch auf die Dankbarkeit zu. „Sagt in allem Dank, denn dies ist der Wille Gottes in Christus Jesus für euch" (1. Thessalonicher 5,18).

Sicher sind Einzelheiten für Gott wichtig. Wenn wir ihn suchen und in Übereinstimmung mit seinem Wort leben, gibt er uns auch Weisheit für die Entscheidung, welche Gemeinde wir besuchen, welches Haus wir kaufen, welchen Beruf wir ergreifen und vielleicht sogar, welches Hotel wir im Urlaub auswählen sollten.

Doch wir werden feststellen, dass unsere Entscheidungen sich im Laufe der Jahre ändern. Eine Entscheidung, die uns heute riesig erscheint, wird sich im Nachhinein als unbedeutend herausstellen und durch andere zu treffende Entscheidungen ersetzt, je nachdem in welcher Lebensphase wir uns befinden. An diesem Punkt werden Sie erkennen, dass es bei Gottes Willen um viel größere Dinge geht als um Kleingedrucktes und genaue Abmessungen. Tatsächlich geht es um wenige, einfache, feste Werte, die unsere besonderen Fragen und unsere Suche nach Richtungsweisung überschatten.

Anders ausgedrückt: Es kann sein, dass Sie bei gewissen kritischen Angelegenheiten näher an Gottes Herz sind und ihn dadurch viel besser verstehen, als wenn Sie alle möglichen Pro-und-Kontra-Listen aufstellen oder verschiedene Optionen abwägen, und zwar deshalb, weil Sie bereits wissen, wie Gottes Wille aussieht.

„Sagt in allem Dank, denn dies ist der Wille Gottes in Christus Jesus für euch." Wenn Sie sich in einer verwirrenden Situation befinden, wenn Sie nicht wissen, was Sie tun sollen oder welchen Weg Sie gehen sollen, seien Sie einfach dankbar – und Sie werden feststellen, dass Sie genau dann Gottes Willen erfüllen.

6. *Dankbarkeit ist der Beweis für ein fruchtbares Leben, das vom Heiligen Geist erfüllt ist*

„Was bedeutet es, vom Heiligen Geist erfüllt zu sein?" – „Wie kann man wissen, ob der Heilige Geist in jemandem wohnt?" Diese Fragen wurden bereits in unzähligen Büchern, Radiosendungen und Diskussionen zwischen Pastoren, Theologen und christlichen Autoren erörtert. Die Antworten hierauf fallen unterschiedlich aus, je nach theologischem Verständnis. Manche erzählen von „spektakulären" Zeichen als Beweis für das Erfülltsein mit dem Heiligen Geist. Andere wiederum glauben, dass solche Beweise mit Fertigstellung des biblischen Kanons aufgehört haben.

In einem Punkt stimmen wir jedoch alle überein: dass Gläubige – einzelne oder Gruppen – mit dem Heiligen Geist erfüllt sein sollten. Die Bibelpassage, die uns ausdrücklich auffordert: „Werdet voller Geist" (Epheser 5,18), macht deutlich, wie der Einzelne oder die Gläubigen allgemein sein bzw. sich verhalten sollten, als sichtbarer Beweis für diese unsichtbare Realität. Wir können somit erkennen, wie ein Leben mit dem Heiligen Geist jeden Bereich unseres Lebens und unserer Taten beeinflusst.

Folgende Beweise begleiten, bestätigen und resultieren aus dem Einfluss des Heiligen Geistes:

- gegenseitige Erbauung durch Bibelworte und geistliche Lieder (Epheser 5,19)
- Anbetung Gottes mit dankbarem Herzen (Epheser 5,19)
- Demut und Unterordnung (Epheser 5,21)
- göttliche Familienstrukturen und Beziehungen (Epheser 5,22-6,4)
- angemessene Haltung und Benehmen am Arbeitsplatz (Epheser 6,5-9)
- Sieg im geistlichen Kampf (Epheser 6,10-18)

Der Beweis, den ich in obiger Liste nicht aufgeführt habe, ist nicht weniger wichtig als die anderen. Wir finden ihn in Epheser 5,20: „Sagt allezeit für alles dem Gott und Vater Dank im Namen unseres Herrn Jesus Christus." Dankbarkeit ist der allerwichtigste Beweis für ein Leben, das vom Heiligen Geist erfüllt ist.

Nicht einen Moment lang würden wir glauben, dass ein Mann, der seine Frau misshandelt, mit dem Heiligen Geist erfüllt ist. Auch wäre es undenkbar, dass eine Frau, die von sich behauptet, den Heiligen Geist zu haben, Gelder ihres Chefs unterschlägt.

Dann kann es auch nicht sein, dass eine Person, die gewohnheitsmäßig nörgelt, murrt und sich wieder über ihre Probleme und ihren Stress sorgt, anstatt „allezeit dem Gott und Vater Dank zu sagen", mit dem Heiligen Geist erfüllt ist!

Tatsache ist: Wir können nicht jammern und klagen und gleichzeitig mit dem Heiligen Geist erfüllt sein.

Wenn ein dankbarer Geist in unseren Herzen wohnt und mit unserem Mund zum Ausdruck gebracht wird, ist das Beweis dafür, dass der Heilige Geist in uns lebt, dass er uns leitet und dass er die gnädige Frucht der Dankbarkeit in und durch unser Leben hervorbringt.

7. Dankbarkeit reflektiert das Herz Jesu

Eine der Eigenschaften Jesu wird sehr schnell übersehen, nämlich sein Geist der Dankbarkeit. Man kann ihn anlässlich verschiedener Ereignisse erkennen:

- *Bei der Rückkehr der siebzig Jünger.* Jesus hatte diese Nachfolger in verschiedene Städte und Orte in der Umgebung geschickt mit der Anweisung, das Reich Gottes überall dort zu verkündigen, wohin sie kamen. Als sie wieder zurückkehrten, um ihm zu berichten, was durch ihren Dienst geschehen war, sprudelten sie regelrecht über. Die Freude am Dienst für den Herrn stand ihnen ins Gesicht geschrieben, und durch ihre Worte fühlte sich Jesus veranlasst, sich zurückzuziehen und darüber zu staunen, wie der Vater durch seine Kinder wirkte: „Ich preise dich, Vater, Herr des Himmels und der Erde, dass du dies vor Weisen und Verständigen verborgen hast und hast es Unmündigen offenbart. Ja, Vater, denn so war es wohlgefällig vor dir" (Lukas 10,21). Wenn ich Jesus anschaue, wie er scheinbar überwältigt ist von dem, was durch die Dreieinheit (zu der er selbstverständlich gehört) möglich ist, sehne ich mich danach, Gottes Wirken von meinem niedrigen Blickpunkt aus mehr zu bestaunen. Dankbarer.

- *Am Grab des Lazarus.* Noch bevor Jesus laut rief: „Komm heraus!", wandte er sich an seinen Vater und sagte – noch bevor er eine Antwort erhielt: „Vater, ich danke dir, dass du mich erhört hast" (Johannes 11,41). Es ist nicht schwer, Gott zu danken, nachdem er unsere Gebete erhört hat und wir das erhalten, worum wir gebeten haben. Dankbarkeit auszudrücken, bevor wir wissen, wie Gott antworten wird, ist sowohl ein Glaubensschritt als auch ein Willensverzicht.

- *Bei Mahlzeiten.* Wenn es Ihnen beim Beten vor den Mahlzeiten wie mir ergeht, dann kann man es fast eher als gedankenloses Innehalten bezeichnen, bevor man sich auf das Essen stürzt. Für Jesus galt das nicht. Ich kann mir vorstellen, dass das Gebet, das er sprach, als er „zum Himmel aufblickte" und das Brot brach und an die fünftausend Menschen austeilen ließ, von einem tiefen, persönlichen Lob und Dank begleitet wurde. (Im Bericht der Speisung der Viertausend in Markus 8 erwähnt der Schreiber, dass Jesus betete, bevor er das Brot austeilen ließ, und noch einmal vor dem Verteilen des Fisches – also ein Gebet vor jedem Gang!)

- *Im Angesicht von Leid.* Meiner Ansicht nach ist das beeindruckendste Beispiel für den Ausdruck von Dank beim letzten Abendmahl zu finden. Nur wenige Stunden vor seinem Verrat, seiner Gefangennahme und der Verurteilung und schließlich seiner Kreuzigung feierte Jesus mit seinen Jüngern das Passahfest. Bei dieser jüdischen Zeremonie gab es nicht nur *einen* Kelch, sondern mehrere Kelche mit dem „Gewächs des Weinstocks“. Wenn man die Berichte aus den Evangelien miteinander kombiniert und in Einklang bringt, hat Jesus mindestens dreimal während des Passahfestes innegehalten, um zu danken:

- während des Essens, bevor er den Kelch nahm (Lukas 22,17),
- bevor er das Brot austeilte (Lukas 22,19) und
- nach dem Abendessen, bevor er einen weiteren Kelch nahm (Matthäus 26,27).

Diese Dinge, die manche vielleicht als unbedeutende Einzelheiten abtun, erhalten mehr Bedeutung, wenn man bedenkt, dass sowohl alle drei synoptischen Evangelien als auch der Apostel Paulus die Tatsache betonen, dass Jesus ein Dankgebet sprach, bevor er die Symbole nahm (Matthäus 26,27; Markus 14,23; Lukas 22,17-19; 1. Korinther 11,24). Ihm war bewusst, dass diese Elemente Symbole für seinen Leib und sein Blut waren, die bald auf schreckliche Art und Weise gebrochen beziehungsweise ausgegossen werden würden, damit die sündige Menschheit erlöst werden konnte.
Aus menschlicher Sicht hätte er an so einem Abend jedes Recht gehabt, mit sich selbst beschäftigt zu sein und sich in Selbstmitleid, Ärger und Jammern zu ergehen. Aber er sprach Worte des Dankes zu seinem himmlischen Vater, die aus einem dankerfüllten Herzen kamen.

Das ist wahrlich keine Kleinigkeit. Das war kein erzwungenes Dankgebet vor dem Essen. Das gesamte Mahl war ein Bild für dieses große Opfer, zu dem Jesus bereit war. Im Danken für den Kelch und das Brot und dem Einsetzen der Symbole an seine Jünger drückte Jesus aus: „Ja, Vater, ich bin bereit, mein Leben deinem Willen zu übergeben, egal, wie hoch der Preis dafür ist.“ Er gab sich selbst Gott und der Welt hin, nicht weil er gezwungen wurde, sondern aus ... Dankbarkeit. Dankbarkeit für das Vorrecht, seinem Vater zu gehorchen und die Mission zu erfüllen, für die er auf diese Welt gekommen war.

Mein Herz klagt mich selbst an, während ich diese Worte schreibe und dabei darüber nachdenke, wie oft ich eingeschränkt, unter Vorbehalt, dem Herrn und anderen Menschen diene (nach dem Motto: „Bis hierher und nicht weiter“) und mich sogar noch über den Preis, den ich zu zahlen habe, ärgere. *O Vater, vergib mir meine gedankenlosen Opfer und Dienste. Möge der dankbare Geist Christi in mein Herz überfließen, wenn ich danach trachte, deinen Willen in meinem Leben umzusetzen.*

8. Dankbarkeit bereitet uns auf den Himmel vor

Wir werden es bis in alle Ewigkeit tun. Oh, ich bin mir sicher, das wird nicht alles sein, was wir tun werden, und dennoch bin ich überzeugt, dass im Himmel jede Tat, jeder Gedanke, jedes Wort oder jede Unternehmung unseres ganzen, nie endenden Lebens mit dem Herrn ein Ausdruck von ewiger Dankbarkeit sein wird.

Wir wissen, dass Tag und Nacht die vier lebendigen Wesen im Himmel nicht aufhören zu sagen: „Heilig, heilig, heilig, Herr, Gott, Allmächtiger, der war und der ist und der kommt!" (Offenbarung 4,8). Die 24 Ältesten fallen auf ihr Angesicht vor ihm nieder und rufen: „Wir danken dir, Herr, Gott, Allmächtiger, der ist und der war, dass du deine große Macht ergriffen und deine Herrschaft angetreten hast" (Offenbarung 11,17). Sogar jetzt. Genau in diesem Augenblick. Dankbarkeit ist die nie endende Hymne im Himmel.

Er gab sich selbst Gott und der Welt hin, nicht weil er gezwungen wurde, sondern aus ... Dankbarkeit.

Jedes Mal, wenn wir hier in unserem zeitlich begrenzten Dasein auf der Erde unserer Dankbarkeit durch Wort oder Tat Ausdruck verleihen, stimmen wir in den großen Chor der Dankbarkeit vor dem Thron Gottes ein und bereiten uns dadurch auf das vor, was wir bis in alle Ewigkeit tun werden: den Herrn verherrlichen und ihm für alles das zu danken, was er ist und für uns getan hat.

Betrachten Sie das Heute als eine Art Generalprobe. Und tun Sie genau das, was Sie dann auch bei der richtigen „Aufführung" tun werden.

Acht Gründe, warum wir dankbare Menschen sein sollten – und es gibt noch viele mehr. Einige Menschen entscheiden sich für die Dankbarkeit, die meisten dagegen. So oder so, die jeweilige Entscheidung wird weitreichendere Folgen haben, als wir sie uns vorstellen könnten.

Anmerkungen

1 Ellen Vaughn, *Radical Gratitude*, S. 203, Zondervan, Grand Rapids, 2005.

2 James S. Hewett, *Illustrations Unlimited: A Topical Collection of Hundreds of Stories, Quotations, & Humor for Speakers Writers, Pastors and Teachers*, S. 264, Tyndale, Carol Stream, 1988.

3 Beth Moore, *Du führst mich in die Freiheit. Folgen Sie Gott in ein erfülltes Leben*, Gerth Medien, Asslar, 2002

Kapitel 5
Von Nörglern und Anbetern

Eins ist klar:
Das permanente sehnsuchtsvolle Schielen auf das,
was man nicht hat, auf der einen Seite
und die Dankbarkeit für das, was man besitzt, auf der anderen
sind Ausdruck zweier vollkommen unterschiedlicher Charaktere.
Lucy C. Smith[1]

Bei dem Versuch, uns selbst und andere besser zu verstehen, stecken wir die Menschen gerne in Schubladen; wir kategorisieren sie, je nachdem, wie wir sie sehen:

Menschen, die geben, und Menschen, die nehmen.
Menschen, die lieben, und Menschen, die kämpfen.
Ausgeglichene Menschen und cholerische Menschen.
Spontane Menschen und organisierte Menschen.

Einige dieser Eigenschaften scheinen angeboren zu sein, andere sind vielmehr das Ergebnis der Entscheidungen unseres Lebens. Je nachdem, auf welcher Seite wir uns oder andere sich befinden, wird das Ergebnis Ansichtssache sein und die Taten und Handlungen dementsprechend beeinflussen.

Es gibt eigentlich immer zwei Arten von Menschen: Optimisten und Pessimisten. Frühaufsteher und Nachteulen. Bayern-Fans und Dortmund-Fans. Dankbare Menschen und undankbare Menschen. Menschen, die nörgeln und Menschen, die loben.

Man kann kaum beides sein. Vielleicht mal zeitweise oder sporadisch. Aber im Laufe des Lebens wird entweder das eine oder das andere überwiegen und Ihre Ansichten und Reaktionen beeinflussen. Sie entscheiden sich, dankbar oder undankbar zu sein, Segensspuren zu bemerken oder sie zu übersehen, Freundlichkeit anzuerkennen oder gedankenlos darüber hinwegzugehen.

Es ist Ihre Entscheidung.

Die Liederdichterin Fanny Crosby musste sich ebenfalls entscheiden. Ich bin mir sicher, dass sie sich fragte: „Was wäre, wenn ...“, nachdem sie erfahren hatte, dass der Verlust ihres Augenlichtes das Ergebnis eines törichten Ärztefehlers war. Im Alter von sechs Wochen hatte sie eine Augenentzündung gehabt, woraufhin ihr der Arzt heiße Umschläge verordnet hatte. Doch statt zu heilen, vernarbte das empfindliche Gewebe ihrer Augen, was schließlich zur vollständigen Erblindung führte.

Nur wenige von uns können sich vorstellen, was es heißt, nicht sehen zu können – nicht in der Lage zu sein, die Farbe Gelb zu beschreiben, das Gesicht eines geliebten Menschen in einer Menschenmenge auszumachen, eine Straßenecke wiederzuerkennen oder eine Straße ungehindert zu überqueren und dabei nicht in ein Auto zu laufen. Wie ist es, wenn man selbst einfache Aufgaben, wie z. B. Müsli in eine Schüssel zu füllen, Wechselgeld zu zählen oder Wäsche zu sortieren, nur mit intensivster Anstrengung des Gehörs und des Tastsinns bewältigen muss? Wir vergessen immer wieder, Gott für den Segen unseres Augenlichtes zu danken.

Fanny Crosby, Dichterin von mehr als 8000 Liedern, genug, um 15 Liederbücher füllen zu können, und genug, dass ihre Verleger sich gezwungen sahen, ihr mehrere Pseudonyme zu geben, um dadurch ihre regelrechte Produktionsflut glaubwürdiger zu machen, sah das ganz anders.

Sie war *dankbar* für den Segen ihrer Blindheit.

Im Alter von acht Jahren verfasste sie ein kleines Gedicht, das vielleicht nicht unbedingt sprachlich brillant ist, aber dennoch von einer Reife zeugt, die nicht viele erreichen – selbst in hohem Alter.

Oh, was bin ich für ein glückliches Kind,
obwohl ich nicht sehen kann,
ich bin entschlossen, in dieser Welt zufrieden zu sein.
Ich darf mich an Segnungen erfreuen,
die viele Menschen nicht einmal wahrnehmen.
Nein, ich werde nicht weinen und trauern,
weil ich nicht sehen kann.

Fanny Crosby sagte einmal: „Ich hätte nicht Tausende von Hymnen dichten können, wenn ich durch so viele interessante und schöne Dinge dieser Welt abgelenkt worden wäre, die ich mit meinen Augen wahrgenommen hätte." Sie schrieb unter anderem in ihrer Autobiografie: „Es scheint, als hätte Gott in weiser Voraussicht beabsichtigt, dass ich mein gesamtes Leben blind bin, und *ich danke ihm* für diese Freiheit (Hervorhebung der Autorin).

„Ich danke ihm." Für Blindheit.

Es gibt zwei Gruppen von Menschen: dankbare und undankbare. Hier liegt der Unterschied zwischen einem Leben, das vergeudet wird, und einem übersprudelnden Leben; einem Leben, das blind für Schönheit ist, und einem „O Gott, dir sei Ehre"; zwischen offenkundiger Bitterkeit und „Seliges Wissen".

Diesen Unterschied kann man deutlich erkennen.

Wie ich bereits sagte: Wir bezahlen einen hohen Preis für unsere Undankbarkeit. Nachdem ich seit Jahren Menschen helfe, die mit Verletzungen zu kämpfen haben, komme ich zu dem Schluss, dass der Mangel an Dankbarkeit oftmals, wenn nicht sogar immer, der Grund für so viel gedrückte Stimmung, Verzweiflung und Niedergeschlagenheit ist – Dinge, die sich mehr und mehr unter den Gläubigen breitmachen. Ich glaube, dass viele Sünden, die unsere Gesellschaft zerstören, auf die permanente, oftmals nicht erkannte Wurzel der Undankbarkeit zurückzuführen sind.

Die dankbare Haltung muss dringend in unseren Herzen und Familien trainiert werden. Wie wir im letzten Kapitel gesehen haben, bringt ihre Präsenz eine Fülle von anderen Segnungen mit sich, während ihr Mangel weitreichende Auswirkungen hat.

In diesem Kapitel möchte ich nun zwei gegensätzliche Bilder zeichnen und dabei sechs Unterschiede zwischen Anbetern und Nörglern herausstellen. Beim Lesen jeden Punktes halten Sie bitte kurz inne, und stellen Sie sich beim Betrachten beider Darstellungen folgende Frage: Welchem Bild entspricht mein Leben mehr? Bin ich mehr ein Anbeter oder ein Nörgler?

Besser, als ich es verdiene

Dankbare Menschen sind demütig, während undankbare ein stolzes Herz offenbaren.

Wenn Ihnen eine Freundin erzählt, wofür sie dankbar ist, bringt sie damit viel mehr zum Ausdruck als nur ihr Empfinden über eine Person oder Umstände. Sie erzählt Ihnen vielleicht, wie dankbar sie für ihre Familie ist oder von der Erleichterung, dass ihr etwas erspart wurde; oder sie spricht davon, dass sie momentan mit sich im Reinen ist. Ein dankbarer Mensch, dem es leichtfällt, diesen Dank auch auszudrücken, sagt dadurch viel mehr über sich aus, als es auf den ersten Blick erscheint.

Diese Art der Dankbarkeit nimmt nicht nur irgendwelche Details zur Kenntnis, sondern sie offenbart auch unsere Herzen. Am deutlichsten ist dies an unserer Haltung zur Demut zu erkennen.

Auf die alltägliche Frage: „Wie geht es dir?“, höre ich noch heute die Antwort meines Vaters, die über das Übliche „Danke, so weit ganz gut“ hinausging. Wenn er nach seinem Wohlergehen gefragt wurde, antwortete er oft: „Es geht mir besser, als ich es verdiene.“ Was veranlasste ihn zu dieser Antwort? Es war die Tatsache, dass Art DeMoss nie ganz fassen konnte, dass Gott ihn errettet hatte. Hätte er das bekommen, was er rechtmäßig verdiente, so wäre er verloren gewesen.

Als junger Mann war mein Vater ein ziemlicher Rebell gewesen, der dem Glücksspiel verfallen war und immer wieder für Ärger sorgte. Doch am 13. Oktober 1950 – dieses Datum erwähnte er immer, wenn er seine Geschichte erzählte – öffnete Gott seine Augen für Jesus Christus. Er tat Buße und kam zum Glauben. Ich kann mich nicht erinnern, dass er jemals ohne Tränen in den Augen davon erzählt hätte. Und zwar aus dem Grund, weil er verstanden hatte, wer er war und wo er herkam. Er wusste sehr wohl, wie es um ihn stand, als er Gott begegnete, und wo er gelandet wäre, wenn Gott nicht in sein Leben eingegriffen hätte. Ein Mensch, der das weiß, muss keine langen Erklärungen abgeben oder mit seinen eigenen Errungenschaften prahlen. Seine Dankbarkeit sagt alles. Henry Ward Beecher sagte einmal: „Ein dankbarer Geist ist der Boden, auf dem Dankbarkeit ganz natürlich wächst."

Wenn aber jemand meint, er hätte Anrecht auf Segen in seinem Leben, z. B. auf einen bestimmten Job, ein glückliches Zuhause, einen gesunden Körper, ein sportliches Auto oder eine super Rente, dann braucht man ihn gar nicht erst zu fragen, wie es ihm geht. Man weiß gleich, mit wem man es zu tun hat. Der sichtbare Mangel an Dankbarkeit ist offensichtlich und an seinen Antworten erkennt man ein stolzes Herz.

Das erinnert mich an eine Geschichte von zwei alten Freunden, die sich eines Tages in einem Geschäft trafen. Der eine von ihnen war offensichtlich schlecht gelaunt und niedergeschlagen. Er konnte sich noch nicht einmal ein Lächeln abringen, als er seinen alten Freund wiedertraf.

„Was ist los, mein Freund?", fragte ihn der andere.

„Das kann ich dir sagen: Vor drei Wochen ist mein Onkel gestorben und hat mir 40.000 Dollar hinterlassen."

„Wirklich?“

„Ja, und eine Woche später starb mein Cousin, den ich noch nicht einmal richtig kannte, und hinterließ mir 85.000 Dollar. Und letzte Woche verstarb schließlich meine Großtante und hinterließ mir eine Viertelmillion Dollar.“

„Du machst wohl Witze!“, rief der Freund daraufhin aus. „Und warum schaust du dann so missmutig drein?“

„Nun, diese Woche war ... nichts!“

Sicher, diese Geschichte ist erfunden! Aber jeder Anflug von Undankbarkeit ist – auch wenn er nicht so offenkundig ist – ein Zeichen für ein stolzes Herz. Henry Ward Beecher hatte Recht, als er sagte: „Ein stolzer Mensch ist selten ein dankbarer Mensch, denn er denkt, er bekommt nicht das, was er eigentlich verdient hätte.“

Stolz ist die Mutter der Undankbarkeit und darum ein lautloser Killer der Dankbarkeit.

Wir sind der Auffassung, wir hätten ein Anrecht auf so vieles. Doch was besitzen wir, was wir nicht im Grunde geschenkt bekommen haben? Wer von uns besitzt etwas, das ihm oder ihr nicht von dem Einen gegeben wurde, der „alles reichlich darreicht zum Genuss“ (1. Timotheus 6,17)?

Persönlich gefragt:

Zeigen Sie einen eher demütigen und dankbaren Geist oder ein stolzes, selbstzufriedenes und undankbares Herz?

Ich habe nur Augen für dich

Ein dankbares Herz ist auf Gott und Mitmenschen ausgerichtet, wogegen eine undankbare Person nur sich selbst sieht und egozentrisch ist.

Als sich im Jahr 1973 die Presbyterianische Kirche etablierte, hatte sie gerade einmal zwei ausgesandte Missionare. Einer der beiden, Dick Dye, arbeitete hart auf dem mexikanischen Missionsfeld in Acapulco, ohne dass irgendwelche nennenswerten Resultate seiner Bemühungen zu sehen waren. Überdies wurde das Geld immer knapper, und es war fraglich, wie lange er noch würde dort bleiben können. Tagtäglich kämpfte er weiter, um allen Anforderungen gerecht zu werden, aber die Belastungen hinterließen bei ihm körperliche, seelische und geistliche Spuren; somit war seine Zukunft ungewiss. Er hatte allen Grund, an Gottes Absichten, ihn dort zu halten, zu zweifeln, und bestimmt wäre es verständlich gewesen, wenn er anderen gegenüber geklagt hätte. Doch Dick Dye gehörte nicht zu der Sorte Mensch, die den Kopf hängen ließ.

Wann immer er die Gelegenheit hatte, richtete er seinen Blick auf die Berge rund um Acapulco. Dort in der Ferne – hoch über der Stadt – war ein großes Kreuz aufgerichtet, das von allen Richtungen aus gesehen werden konnte. Dick war ein Mann, der auf Gott ausgerichtet war, und er wusste, dass sich Missionarsarbeit weder an Erfolgen noch an positiven Rundbriefen mit Statistiken messen lassen konnte; es war das Kreuz, das ihn an so manchen schwierigen Tagen nicht aufgeben ließ. Er rief sich immer wieder ins Gedächtnis, wem er diente, warum er dort war und daran, selbst für Dinge, die ihm den

Mut nahmen, dankbar zu sein. Darum konnte er einen Schritt nach dem anderen gehen und Gott preisen, während er sich Monat für Monat abplagte.

Eines Tages beschloss Dick, in die Berge zu fahren, um einen besseren Blick auf das massive Kreuz zu erhalten. Als er schließlich dort angekommen war, stellte er fest, dass dieses Kreuz auf dem Dach eines großen Hotels angebracht war. Das ließ für ihn den Schluss zu, dass Menschen, deren Zentrum im Leben Gott ist, offensichtlich auch einen Blick für andere Menschen haben.

Er suchte sich einen Parkplatz, ging zur Rezeption und bat darum, den Hoteldirektor sprechen zu dürfen. Die Empfangsdame fragte: „Haben Sie denn einen Termin?"

„Nein, ich möchte ihm nur etwas mitteilen."

„Um was geht es denn?"

„Tja, nun ... ich wollte ihm einfach einmal danken."

Als Dick schließlich in das Büro des Hoteldirektors geführt wurde und diesem sagen konnte, was für eine Ermutigung und Inspiration das Kreuz auf dem Hotel für ihn in Zeiten der Einsamkeit und Enttäuschung in der Stadt gewesen sei, neigte der Direktor seinen Kopf und fing an zu weinen.

Nachdem er sich schließlich nach einigen Minuten wieder gefasst hatte, flüsterte er unter Schluchzen: „Seit Jahren steht das Kreuz auf dem Hoteldach und bislang habe ich dafür nur Kritik geerntet. Sie sind der Erste, der sich bei mir dafür bedankt."

„Nun", versuchte Dick sein Interesse an dem Kreuz zu erklären, „sehen Sie, ich bin als Missionar in der Stadt, also ..."

„Wo treffen Sie sich denn mit Ihrer Gemeinde?", unterbrach ihn der Mann.

„Ehrlich gesagt, treffen wir uns nirgendwo. Wir haben keinen Raum, wo wir uns versammeln können."

„Kommen Sie mal mit", forderte der Manager Dick auf, und gemeinsam gingen sie zu einer wunderschönen Kapelle auf dem Hotelgrundstück. Als sie im Inneren standen, sagte er zu Dick: „Wir haben jeden Sonntag um 9:00 Uhr und um 11:00 Uhr Gottesdienst. Wenn Sie mögen, können Sie sich um 10:00 Uhr hier treffen. Sie können gleich nächste Woche anfangen."

Nach diesem überraschenden ersten Treffen entstanden innerhalb von wenigen Jahren unter der Leitung von Dick Dye vier mexikanische Gemeinden. Alles hatte mit einem einfachen „Dankeschön" begonnen – und mit zwei Männern, die auf Gott ausgerichtet waren und nicht nur sich selbst im Blick hatten.[2]

Dankbare Menschen sind liebende Menschen, die danach trachten, andere zu segnen, während egoistische Personen entschlossen sind, ihre eigenen Ansprüche zu befriedigen. Sie reden gerne von „meinen Bedürfnissen", „meinen Verletzungen", „meinen Gefühlen", „meinen Sehnsüchten", davon, wie sie behandelt, vernachlässigt, im Stich gelassen oder verletzt wurden. Ein undankbarer Mensch beschäftigt sich nur mit sich selbst, nur selten hält er inne, um über die Nöte und Gefühle seiner Mitmenschen nachzudenken.

Nebenbei bemerkt bin ich der Überzeugung, dass allgemeine Undankbarkeit zu sündhafter, moralischer Unreinheit führt. Jemand, der nur mit sich selbst beschäftigt ist und immer nur danach fragt, wie seine Bedürfnisse durch andere gestillt werden können, ist eine leichte Beute des Verführers, um Gott der Ungerechtigkeit und der Kleinlichkeit zu bezichtigen. Ein undankbares Herz merkt schnell, wenn es sich unzufrieden fühlt; dadurch ist es leichter bereit, sündigen Versuchungen und sündigem Verhalten nachzugeben, um den eigenen Schmerz zu stillen und persönliche Glücksgefühle zu erleben.

Persönlich gefragt:

Neigen Sie dazu, eher Ihre eigenen Bedürfnisse und Gefühle zu sehen, oder segnen und dienen Sie Gott, indem Sie die Anliegen Ihrer Mitmenschen berücksichtigen?

Danke, es reicht mir

Ein dankbares Herz ist voll, während ein undankbares Herz leer ist.

Chuck Colson sagte einmal: „Bei allem Überfluss genießt der durchschnittliche Amerikaner heute eine Lebensqualität, die noch vor wenigen Jahrzehnten undenkbar gewesen wäre."[3] Er zitierte eine Auflistung von Gregg Easterbrook aus *The Progress Paradox: How Life Gets Better While People Feel Worse* (dt.: Das Paradoxon des Fortschritts: Wie das Leben besser wird, obwohl sich die Menschen schlechter fühlen):

- Seit 1960 hat sich das tatsächliche Pro-Kopf-Einkommen verdoppelt.

- Im vergangenen Jahrhundert hat sich die Lebenserwartung fast verdoppelt, Tendenz steigend.

- Die durchschnittliche Größe eines amerikanischen Einfamilienhauses hat sich von 102 m^2 (nach dem Zweiten Weltkrieg) auf 213 m^2 vergrößert.

- Der durchschnittliche westliche Mensch ist reicher als 99,4 % der Menschen, die jemals auf dieser Erde gelebt haben.

Trotz der tiefsten Talfahrt der letzten Konjunkturschwäche geht es uns noch immer viel besser, als den allermeisten Menschen auf dieser Welt.

Und dennoch: Angesichts solchen Wohlstands ist der Prozentsatz der Amerikaner, die sich als „glücklich" bezeichnen würden, nicht höher als 1950. Die Zahl der erfassten Personen, die unter Depressionen leiden, liegt bei 25 %.

Unserem Hang, inmitten von Überfluss traurig zu sein, sollten wir einmal die Haltung des Apostels Paulus gegenüberstellen, der aus einem römischen Kerker einen Dankesbrief schrieb – und das, obwohl ihm das Nötigste zum täglichen Leben geraubt worden war: „Ich habe aber alles erhalten und habe Überfluss, ich habe die Fülle" (Philipper 4,18). Die meisten Freunde hatten ihn verlassen. Er hatte zahlreiche Feinde. Alles, was er einmal an Luxus genossen hatte, war in weiter Ferne und wahrscheinlich

> Trotz der tiefsten Talfahrt der letzten Konjunkturschwäche geht es uns noch immer viel besser, als sich die meisten Menschen in dieser Welt überhaupt vorstellen können.

zerstört. Abgesehen von seinem Leben war ihm alles genommen worden. Und dennoch ... spricht er von Fülle.

Was hätte in Ihrem Brief aus dem Gefängnis gestanden? Was in meinem?

Der Unterschied zwischen Fülle und Leere ist nicht der gleiche wie zwischen Armut und Reichtum, zwischen Zu-Hause-Sein und Unterwegs-Sein oder zwischen übervollen Regalen und Regalen, die nur mit Nudelsuppe gefüllt sind. Der Unterschied ist Dankbarkeit.

Undankbare Menschen sind wie Behälter, die ein Loch haben. Kaum werden sie mit Segen gefüllt, laufen sie aus; stets brauchen sie etwas anderes, etwas Neues, das ihre Zufriedenheit stillt.

Sie sind wie das Volk Israel, das von Mose gewarnt wurde: „Hüte dich ... dass nicht, wenn du isst und satt wirst und schöne Häuser baust und bewohnst und deine Rinder und deine Schafe sich vermehren und dein Silber und Gold sich mehren und alles, was du hast, sich mehrt, dass dann nicht dein Herz sich erhebt und du den HERRN, deinen Gott, vergisst, der dich aus dem Land Ägypten, aus dem Sklavenhaus, herausführte" (5. Mose 8,11-14).

Voll, aber niemals genug.

Steve Dale, ein Kolumnist, der Fragen rund um das Thema „Haustiere" beantwortet, erhielt eines Tages eine E-Mail von jemandem, der einen Rat wegen seines 12-jährigen Boxers wollte. Der Hund hatte einen großen Tumor am Bein. Zwei verschiedene Tierärzte hatten dem Besitzer geraten, er solle den Tumor entfernen lassen, was aber den Verlust des Beines bedeuten würde. „Was können Sie mir raten?", fragte der Schreiber.

Dale antwortete, dass dreibeinige Hunde sich relativ schnell nach einer OP erholen und auch rasch wieder in ihr Leben einfinden können, um Bälle zu fangen und Eichhörnchen zu jagen. „Das psychologische Trauma der Trauer über den Verlust des Gliedes scheint bei Hunden nicht gegeben zu sein. Das Gegenteil ist wohl eher der Fall; sie scheinen überglücklich zu sein, dass sie am Leben sind."[4]

Ach, wären wir doch mehr wie Paulus und der dreibeinige Hund. Dass wir doch ein volles Herz auch ohne leibliches Wohl hätten, anstatt eines leeren Herzens trotz überfließenden Segens (den wir noch nicht einmal wahrnehmen). Oftmals ist Dankbarkeit das, was den Unterschied zwischen tiefgründiger Traurigkeit und absoluter Zufriedenheit ausmacht.

Persönlich gefragt:

Neigen Sie eher dazu, sich mit dem zu beschäftigen, was Sie gerne hätten (oder lieber *nicht* hätten), oder mit dem Segen, der viel mehr ist, als Sie eigentlich verdienen? Ist Ihr Herz voll oder „läuft der Segen aus", den Gott in Ihr Herz füllt, und brauchen Sie immer mehr, um ein Gefühl der Zufriedenheit zu verspüren?

Mir soll's recht sein

Menschen mit dankbaren Herzen sind leichter zufriedenzustellen, während undankbare Menschen für Bitterkeit und Unzufriedenheit anfällig sind.

Den größten Teil seines kurzen Lebens litt David Brainerd an Tuberkulose. Seine Kondition war nicht gerade dienlich für ein Leben in der winterlichen Wildnis, wo er mit Schneestürmen und Hunger konfrontiert wurde und wo er Mitte des 17. Jahrhundert ganz alleine unter den Indianern in West Massachusetts missionierte.

Als er wieder einmal in seiner kleinen Hütte krank darniederlag, schrieb er in sein Tagebuch: „Gesegnet sei der Herr, dass ich nicht im Freien liegen muss. Ich habe ein Haus und viele Annehmlichkeiten." Nachdem er bei einer anderen Gelegenheit mehrere Wochen alleine gewesen war, „sich durch Sümpfe, über steinigen Boden und durch dunkle Nächte gekämpft hatte, von jedem menschlichen Kontakt abgeschnitten", schrieb er: „*Was habe ich doch Grund zur Dankbarkeit*, dass ich hier so zurückgezogen leben darf"[5] (Hervorhebung durch die Autorin).

Kontakt zu anderen Menschen mochte er zwar, aber das Alleinsein mit Gott zog ihn näher zu seinem Retter hin. Er entschied sich, dafür dankbar zu sein.

Ja, dankbare Menschen sind leicht zufriedenzustellen, während undankbare Menschen schnell zu Opfern ihrer Bitterkeit werden.

Ich habe mit vielen Frauen gesprochen, die chronisch unglücklich oder sogar depressiv sind. Natürlich sind die Gründe dafür zahlreich. Aber nach vielen Gesprächen bin ich zu der Überzeugung gelangt, dass eine der Hauptursachen für diese durchdringende Niedergeschlagenheit und Schwermut der Mangel an Dankbarkeit ist.

Undankbare Menschen pochen stark auf ihre Rechte. Wenn ihre Mitmenschen es versäumen, darauf einzugehen oder nach ihren Vorstellungen zu handeln, fühlen sie sich dazu berechtigt, Forderungen zu stellen und emotional zurückzuschlagen.

Genau das Gegenteil einer solchen Haltung finden wir bei Ruth im Alten Testament. Sie hatte ihr Zuhause und ihren Ehemann verloren und landete mit einer mürrischen Schwiegermutter in der ihr unbekannten Umgebung Bethlehems. Allerdings entschied sie sich, das, was Gott für sie vorgesehen hatte, zu akzeptieren, und brachte Boas gegenüber ihre Dankbarkeit für einfachste Dinge zum Ausdruck. Sie vergaß niemals, dass sie eine Ausländerin war und eigentlich von niemandem etwas erwarten konnte.

Genau wie der kleine Richie in der *Dick Van Dyke Show* (eine US-amerikanische Sitcom; Anm. d. Übers.), der vor Freude schrie, als sein Vater nach der Arbeit nach Hause kam und in seine Tasche griff, um seinem Sohn das mitgebrachte Geschenk zu überreichen: eine Büroklammer. So gesehen sollte uns Dankbarkeit gar nicht so schwerfallen.

Undankbare Menschen werden schnell zu Opfern ihrer Bitterkeit.

Matthew Henry drückte es einmal ganz wunderbar aus: „Wenn wir der Trauer und der Angst nichts anderes mehr entgegenzusetzen haben, können wir immer noch Zuflucht in den Worten ‚Oh Vater, ich danke dir!' finden."[6]

Was für einen Unterschied macht doch die Dankbarkeit!

Persönlich gefragt:

Sind Sie grundsätzlich mit dem zufrieden, was Gott Ihnen gibt oder ärgern Sie sich über schwierige Umstände oder Menschen und werden anspruchsvoll oder gar deprimiert, wenn andere Ihre Erwartungen nicht erfüllen?

Eine effektive Kur gegen Nörgelei

Ein dankbares Herz offenbart sich durch Dankesworte, während ein undankbares Herz von Murren und Nörgeln hart wird.

Hierzu eine wahre Geschichte: Eine Gruppe aus einer Gemeinde in New Bern, North Carolina, unternahm eine Missionsreise in die Karibik. Wie Sie sich wahrscheinlich denken können, bieten die Bedingungen in den piekfeinen, luxuriösen Ferienanlagen einen krassen Gegensatz zu den ärmlichen Verhältnissen, in denen die meisten Einwohner dieser tropischen Inseln leben.

Auf dieser Missionsreise brachte der Gastgeber die Gruppe in eine Leprakolonie auf der Insel Tobago. Während sie dort waren, feierten sie einen Gottesdienst in der Kapelle auf dem Campus. Vermutlich können Sie sich vorstellen, dass sich schon der Anblick von entstellten Leprakranken auf den blanken Kirchenbänken tief in das Gedächtnis und in die Erinnerungen jedes einzelnen Besuchers einprägte. Was aber dann folgte, vergaß garantiert keiner mehr: Als der Pastor sagte: „Wir haben noch Zeit, um ein weiteres Lied zu singen. Hat jemand ein Lieblingslied?“, konnte er eine einsame leprakranke Frau sehen, die mit abgewandtem Rücken in der letzten Reihe saß. Bei der Frage nach dem letzten Lied drehte sie ihren Körper mühsam nach vorne um und schaute den Pastor an.

Die Bezeichnung „Körper“ für das, was von ihr noch übrig geblieben war, ist eigentlich schon übertrieben. Sie hatte keine Nase mehr. Keine Lippen. Die Zähne, die schief in ihrem Schädel saßen, waren bloßgelegt. Sie hob ihren Armstumpf (sie hatte keine Hand mehr!) und hoffte darauf, dass sie ihr Lieblingslied vorschlagen könnte. Ihre Zähne klapperten im Rhythmus ihrer krächzenden Stimme, als sie sagte: „Können wir das Lied *Count your many Blessings* (dt.: Zähl das Gute, sieh, was Gott getan) singen?“

Der Pastor stolperte von der Kanzel herab zur Tür hinaus in den angrenzenden Garten. Heiße Tränen der Beschämung rannen seine Wangen herab. Ein Teilnehmer der Reisegruppe sprang für ihn ein und stimmte dieses bekannte Lied an diesem ungewöhnlichen Ort an; zweifelsohne war dies einer der „ungesegnetesten“ Orte im ganzen Universum.

Ein Freund des Pastors eilte nach draußen, legte seinen Arm um den schluchzenden Mann und sagte tröstend: „Ich wette, du wirst dieses Lied nie mehr singen können, oder?“

„Doch“, antwortete der Pastor, „aber nie mehr so wie bisher.“[7]

Eine fürchterlich deformierte Leprakranke muss uns daran erinnern, dass dankbare Menschen an ihren dankbaren Worten zu erkennen sind, während undankbare Menschen sich ihrem Jammern, Klagen und Murren hingeben.

Manche Menschen maulen, dass Gott Dornen an Rosen wachsen lässt, während andere mit Staunen und Dankbarkeit feststellen, dass Gott Rosen an Dornensträuchern wachsen lässt. Achten Sie darauf, was Ihre Mitmenschen sagen, wenn sie von ihren alltäglichen Erlebnissen erzählen, und Sie werden schnell erkennen, wer dankbar ist und wer nicht.

Persönlich gefragt:

Womit verbringen Sie mehr Zeit: damit, das Gute zu erkennen, das Ihnen widerfährt, oder damit, Ihre Probleme zu zählen?

Ich hätte auch gerne das, was sie dort hat

Dankbare Herzen sind erfrischende und belebende Quellen, während undankbare Menschen andere nach unten in den Sumpf ihrer eigenen Selbstsucht, Ansprüche und Unzufriedenheit ziehen.

Viele glauben, die Puritaner seien grimmige und freudlose Christen. Aber da irrt man sich. 1859 schrieb Charles Chapman in seinem Buch über die Zeit und das Leben des puritanischen Predigers Matthew Henry:

(Matthew Henry) hatte die beneidenswerte Gabe und Fähigkeit, jeder Situation etwas Gutes abzugewinnen ... er hatte eine liebevolle Haltung und eine Fröhlichkeit im Herzen, dass andere Menschen einfach denken mussten: Wie großartig muss es sein, Christ zu sein. Obwohl er nicht im Luxus lebte, genoss er die Fürsorge seines Gottes ...
Diese Fröhlichkeit ... erfüllte sein gesamtes Leben ... Ein Grund für die große Kraft in seinem Leben, die er im Gegensatz zu den nicht entschieden religiösen Männern seiner Zeit hatte, lag in der Beständigkeit seiner fröhlichen Einstellung, die andere bei ihm sahen und um die sie ihn beneideten.[8]

Ich habe festgestellt, dass ich dazu neige, auf Menschen und Lebensumstände negativ zu reagieren. Wenn man mich nach meinem Wohlergehen fragt, kommt mir als Erstes in den Sinn, welche Last ich zu tragen habe, welchen Schmerz ich aushalten oder welche Termine ich einhalten muss. Deshalb fürchte ich, dass Menschen, die längere Zeit mit mir zusammen sind, das Gefühl haben müssen, dass es schwierig und ermüdend ist, Christ zu sein und dem Herrn zu dienen. Das Zeugnis von Matthew Henry fordert mich sehr stark heraus und weckt in mir den Wunsch, das zu haben, was er hatte: die Begabung, zu bewirken, dass andere Menschen denken: *Wie schön muss es sein, Christ zu sein!*

Eine fürchterlich deformierte Leprakranke muss uns daran erinnern, dass dankbare Menschen an ihren dankbaren Worten zu erkennen sind.

Wir alle wissen, was es heißt, von Menschen umgeben zu sein, die alles durch die negative Brille sehen. Solchen Menschen gehen wir am liebsten aus dem Weg. Wir haben genug mit uns selbst zu tun, da brauchen wir uns nicht noch zusätzlich die Klagen und Sorgen anderer anzuhören, nicht wahr?

Sicher gibt es Zeiten, in denen es angebracht ist, unsere Sorgen und Nöte mit jemandem zu teilen, zu dem wir Vertrauen haben. Es geht nicht darum, dass wir immer mit „Gut" antworten, wenn wir nach unserem Ergehen gefragt werden. Aber bevor ich beginne, bei jemandem mein Herz auszuschütten, möchte ich meinem Gegenüber erzählen, wie gut Gott ist und wie gesegnet ich sein darf, sein Kind genannt zu werden.

Ich möchte dankbar sein.

Wie ich bereits erwähnte, kann man den Unterschied sehen. Und fühlen.

Undankbarkeit ist Gift. Sie vergiftet die Atmosphäre in unseren Familien und an unseren Arbeitsplätzen. Sie verschmutzt Herzen und Beziehungen. Mütter und Väter können dadurch die Stimmung ihrer Kinder negativ beeinflussen, und Ehemänner und Ehefrauen töten damit jedes vertrauliche Gefühl beim anderen ab, den sie in guten wie in schlechten Tagen zu lieben geschworen haben. Wir gehen vehement gegen jede todbringende Krankheit und verunreinigenden Bakterien auf unseren Küchentischen und Anrichten vor, aber nichts ist ansteckender für unsere Familien als ein undankbarer Geist.

Nun, vielleicht doch etwas.

Ich würde behaupten, Dankbarkeit ist genauso ansteckend wie ihr böser Zwilling. Wenn Sie es leid sind, in einer Umgebung zu leben, aus der jede Freude und Schönheit durch negative und abwertende Worte und Verhalten verdrängt wurde, sind Sie es, die Veränderung herbeiführen können. Sie können zu der Person werden, mit der man gerne zusammen ist. Zu einer Person, die Jesus und sein Evangelium erstrebenswert machen, die durch ihren „fröhlichen Geist" auf andere anziehend wirkt.

Persönlich gefragt:

Welchen Einfluss haben Sie auf die Menschen in Ihrem Umfeld? Werden diese durch Ihre Einstellung aufgebaut und ermutigt? Oder werden sie von Ihren undankbaren und negativen Worten und Ihrem Verhalten nach unten gezogen?

Es gibt zwei Kategorien von Menschen: dankbare und undankbare. Anbeter und Nörgler.

Nur Menschen wie Fanny Crosby, die ihre blinden Augen gen Himmel richtete, können ausrufen: „Völlig sein Eigen, nichts such ich mehr; Jesus, er stillet all mein Begehr. Treu will ich dienen ihm immerdar, bis ich gelang zur oberen Schar."

Zu welcher Kategorie gehören Sie? Wie möchten Sie wirklich sein?

Wenn Sie es geschafft haben, bis hierher zu lesen, dann glaube ich, dass Gott angefangen hat, in Ihrem Herzen zu wirken, Wurzeln der Undankbarkeit aufzudecken und in Ihnen dadurch ein erneutes Verlangen zu mehr Dankbarkeit zu wecken. Vielleicht sind Sie nun an dem Punkt angelangt, an dem Sie sagen: „Ich möchte ja dankbarer sein, nur – wie kann ich es schaffen?“

Ich bin froh, dass Sie fragen …!

Anmerkungen

1 Mary Wilder Tileston, *Joy & Strength*, 24. August, World Wide Publications, Minneapolis, 1986.

2 James Baird in einer Predigt, „To be Thankful“, von der Independent Presbyterian Church, Savannah, Georgia, 15. Oktober 2006, www.ipcsav.org/resources/sermons/to“be“thankful/.

3 Break Point with Charles Colson, „Miserable in the Midst of Plenty: The Progress Paradox“, 24. August 2004.

4 Steve Dale, „My Pet World“, The Tennessean, 29. Juni 2007.

5 Works of Jonathan Edwards, Band 2, Abschnitt VIII: „The Life and Diary of the Rev. David Brainerd with Notes and Reflections“, erhältlich in *Christian Classics Etheral Liberary*, http://www.ccel.org/ccel/edwards/works2.ix.i.viii.html (Buch-Info: http://www.ccel.org/ccel/edwards/works2.html).

6 Matthew Henry, *Matthew Henry's Commentary on the Whole Bible: Complete and Unabridged in One Volume*, Regency Reference Library, Zondervan, Grand Rapids, 1961), Matthew XI.

7 Zitiert von Dr. Joe McKeever in „Doing the Right Thing Regardless“, 21. August 2006, http://www.joemckeever.com/mt/archives/000358.html.

8 Charles Chapman, Matthew Henry: *His Life and Times: A Memorial and a Tribute*, Arthur Hall, Virtue and Co., London, 1859).

Kapitel 6
Wie kann ich Danke sagen?

Dankbarkeit wird in den Herzen geboren, die sich Zeit nehmen, die bisherigen Segnungen aufzuzählen.
Charles Jefferson

Brad Morris brachte ein großes Opfer, indem er von Texas bis nach Las Vegas reiste, um an der Hochzeit seines Freundes teilnehmen zu können. (Immerhin waren sie keine alten Schulfreunde, sondern nur zwei Kollegen, die sich schätzen gelernt hatten.) Großzügig, wie er war, schenkte er dem Ehepaar sogar noch einen frisch gedruckten 100-Dollar-Schein. Klar, es war kein fünfteiliges Kochtopfset oder ein langstieliges Weinglas ihrer ausgewählten Kristallglas-Serie, aber für einen Junggesellen, der dem jungen Brautpaar mit seinem Geschenk und seinen Glückwünschen eine Freude machen wollte, war das durchaus in Ordnung – Knigge hätte bestimmt nichts dagegen einzuwenden gehabt.

Irgendwie kann man die Gefühle des jungen Mannes verstehen, als er nach ungefähr einem Monat den Betreff einer E-Mail in seinem Posteingangsordner las: „Liebe Freunde". In dieser elektronischen Nachricht fanden die Empfänger ein allgemein gehaltenes Dankeschön von den Absendern für die Teilnahme an ihrer Hochzeit und beiläufig auch für die „vielen schönen Geschenke".

Brad fand den zehnminütigen Versuch seiner Freunde, Dankeschön zu sagen, einfach nur „billig und erbärmlich". Einfach abgehakt. „Mir wäre fast gar kein Dankeschön lieber gewesen als das hier!"

Ein derartiges Verhalten wurde kürzlich in einem Artikel der Zeitung *USA Today*[1] unter anderem als Teil eines Abwärtstrends beschrieben, in dem ehrlich gemeinte Dankeskarten zunehmend (wenn überhaupt ein Dank erfolgt) durch E-Mails ersetzt werden, die eher einer Empfangsbestätigung gleichen.

Das erinnert viele von uns an die Zeit nach Weihnachten und Geburtstagen, als die Eltern uns anwiesen, uns hinzusetzen und Dankesbriefe und -karten zu schreiben. „Liebe(r) __________, Danke für __________. Ich habe mich sehr darüber gefreut! Liebe Grüße, __________." Niemand hat je ernsthaft geglaubt, dass diese Dankesworte ernst gemeint waren; sie gehörten einfach „zum guten Ton". Als wir dann erwachsen wurden – alt genug, um selbst zu entscheiden, ob wir dieses Affentheater weiter mitmachen wollten –, sah niemand mehr den Sinn darin, etwas fortzuführen, das keinerlei Bedeutung hatte.

Da die breite Allgemeinheit anscheinend keinen Wert mehr auf diese alte Tradition des Schreibens von

Dankeskarten legt, braucht man sich auch nicht zu wundern, dass viele der Ansicht sind, eine wie oben beschriebene E-Mail würde reichen.

Dankbarkeit ist aber viel mehr als nur das Schreiben von Karten, das man auf der To-do-Liste dann abhaken kann. Wir kennen unsere Bibel gut genug, um zu wissen, dass es Gott nicht um das bloße Erfüllen seiner Gebote und Gesetze geht. Wir können keinen wahren Segen erwarten, wenn wir lediglich unserer Verpflichtung nachkommen. Er möchte nicht, dass wir Dinge nur aus Dankbarkeit tun, sondern dass wir sie tun, weil unser Herz wirklich vor Dankbarkeit überfließt.

Wenn unsere Dankbarkeit nie über unser minimales Pflichtgefühl hinausgeht, werden wir niemals den phrasenhaften Dankesformeln auf vorgedruckten Karten entwachsen; und wir werden niemals die Erfahrung machen können, was es heißt, ein gnadenerfülltes Leben zu haben, das voll von einzigartiger, herzlicher Dankbarkeit ist.

Es ist an der Zeit, ein Herz voller echter Dankbarkeit zu bekommen. Sind Sie es leid, eine Nörglerin zu sein? Sind Sie bereit, zu einer Anbeterin zu werden? Sind Sie überzeugt, dass Undankbarkeit mehr als nur eine schlechte Angewohnheit ist, sondern eine ernstzunehmende Sünde vor Gott und somit ein schwaches Bild für Evangelium und Gnade? Sind Sie bereit, eine Person zu werden, die ihre Familie, ihre Gemeinde, ihren Arbeitsplatz erleuchtet und einen frischen Wind des Dankes hereinbringt, anstatt immer nur zu klagen und kritisieren?

Wir werden in diesem Kapitel zusammen einige praktische Tipps ansehen, wie wir solch ein Herz trainieren können. Nicht nur formal, sondern als einen neu entdeckten Lebensstil.

Sprechen Sie es aus

Vielleicht kennen Sie die Geschichte von dem Bauern, der mit seiner Frau, mit der er seit 48 Jahren verheiratet war, auf der Terrasse saß und gerade erst bemerkte, was für eine großartige Partnerin und Hilfe sie ihm all die Jahre über gewesen war und wie viel sie ihm bedeutete. Er wandte sich zu ihr um und sagte: „Du warst mir immer so eine wunderbare Frau, und ich kann mich kaum beherrschen, dir das zu sagen!“[2]

Zweifellos erleben Sie es mehrmals im Laufe des Tages, dass Ihnen Gedanken des Danks durch den Kopf „schießen“. Vielleicht finden Sie ganz unten in Ihrer Handtasche einen 20-Euro-Schein, von dessen Existenz Sie nichts wussten. Oder Sie erfahren die Hilfsbereitschaft und das Zuvorkommen der Person, an die Sie Ihre Beschwerde bezüglich Ihrer zu hohen Handy-Rechnung gerichtet haben. Es kann aber auch sein, dass der für den Nachmittag vorhergesagte Regen nicht Ihre Pläne ins Wasser fallen ließ und Sie einen sonnigen Tag erleben durften.

Wir alle haben mehr als genug Gelegenheiten, dankbar zu sein. Wenn uns eine überhaupt bewusst wird, dann danken wir vielleicht noch im Stillen. Jedoch lesen wir in der Bibel: „Durch ihn nun lasst uns Gott stets ein Opfer des Lobes darbringen! Das ist: Frucht der Lippen, die seinen Namen bekennen“ (Hebräer 13,15).

Aufgrund meiner beruflichen Aufgaben muss ich gelegentlich eine Brücke überqueren, die über den Arkansas River geht. Bereits mehrfach durfte ich erleben, wie die Sonne funkelnd über dem kräuselnden Wasser aufging. Ich kann dann nicht anders, als zu sagen: „Danke, Herr, für diesen herrlichen Anblick!"

Bei anderen Gelegenheiten sprudeln mir immer wieder ähnliche Dankesworte aus dem Herzen – nach einer Predigt, die mich direkt angesprochen hat; wenn ich von der Freundlichkeit und Anteilnahme einer Freundin berührt bin; wenn mir unerwartet Gutes geschieht oder ich Zeuge von Gottes Wirken im Leben eines Mitmenschen sein darf.

Dankbarkeit spielt sich nicht im Stillen ab. Sie möchte ausgedrückt werden – Gott und Menschen gegenüber. Gladys Berthe Stern sagte einmal: „Stille Dankbarkeit nutzt niemandem etwas."

Wenn eine Kassiererin im Supermarkt Ihnen besonders freundlich begegnet, dann nutzen Sie die Gelegenheit, einmal beim Marktleiter stehen zu bleiben und sich positiv über sie zu äußern. Gerne wird er Ihr Kompliment weitergeben und die Kassiererin wird wieder fröhlicher und motivierter ihrer Arbeit nachgehen.

Wenn Sie in Ihre Straße einbiegen und Ihnen das hübsche Blumenbeet Ihrer Nachbarin mal wieder ins Auge fällt, dann gehen Sie doch zu ihr hinüber und loben Sie sie für die viele Arbeit, die sie sich mit ihrem Garten macht.

Wenn Sie durch die Predigt Ihres Pastors ermutigt und in Ihrem Glaubensleben gefestigt werden, dann gehen Sie nicht davon aus, dass er das schon weiß oder dass er es leid wäre, immer wieder zu hören, welchen

Einfluss sein Dienst auf das Leben seiner Zuhörer hat. Schauen Sie ihm in die Augen und danken Sie ihm für seine Treue, Gottes Wort weiterzusagen. Sie können ihm aber auch eine Nachricht zustecken, auf der einige Dinge stehen, die er gesagt hat und die hilfreich für Sie waren.

Wenn Sie durch die Predigt Ihres Pastors ermutigt und Sie in Ihrem Glaubensleben dadurch gefestigt werden, dann gehen Sie nicht davon aus, dass er das schon weiß.

Und wenn Sie von einem herrlichen Sonnenuntergang überwältigt sind oder in Leid getröstet oder durch ein hoffnungsvolles Wort aufgemuntert werden, dass Gott inmitten der alltäglichen Nöte und Herausforderungen da ist, dann sollte das Lob Gott gegenüber nicht nur in Ihrem Kopf erklingen, sondern auch über Ihre Lippen kommen.

Ja, reden Sie laut davon!

Warum das so wichtig ist? Macht es wirklich einen Unterschied, wenn wir unseren Dank in Worte kleiden? Reicht es nicht, wenn wir ihn in unseren Herzen haben?

Meiner Meinung nach macht es schon einen Unterschied, und ich bin der Überzeugung, dankbare Gedanken sollten in Dankesworte „übersetzt" werden. Dabei muss ich an die vielen Psalmen denken, in denen wir aufgefordert werden, in Gegenwart anderer Menschen Gott zu loben. Wir wollen einmal auf die hervorgehobenen Worte in diesen ausgewählten Versen aus Psalm 145 achten:

Eine Generation wird der andern rühmen *deine Werke, deine Machttaten werden sie* verkünden. ... *Sie sollen* sprechen *von der Kraft deiner furchtbaren Taten, und deine Großtaten will ich* erzählen. *Das* Lob *deiner großen Güte werden sie hervorströmen lassen, deine Gerechtigkeit werden sie jubelnd* preisen. ...
Es werden dich loben, *HERR, alle deine Werke und deine Frommen dich* preisen. *Sie werden* sprechen *von der Herrlichkeit deines Reiches, sie werden* reden *von deiner Kraft.* ...
Mein Mund soll das Lob des HERRN aussprechen, *und alles Fleisch* preise *seinen heiligen Namen immer und ewig!*

Habe ich Sie überzeugt? Ausgesprochene Worte des Lobes und Dankes haben die Macht, diesen schwermütigen Geist, der oftmals über uns schwebt und uns niederdrückt, in Luft aufzulösen. Nicht nur bei uns selbst, sondern auch bei unseren Mitmenschen. Außerdem glaube ich, dass Worte des Lobes und Dankes, die man tatsächlich ausspricht, hilfreich sein können, um die Lügen und Machenschaften des Feindes zu überwinden. Das hat in meinem Leben schon oft Zweifel, Ängste, Verwirrungen und Sorgen verdrängt, sodass sich meine Stimmung auf übernatürliche Weise erhellte und ich gestärkt wurde, sobald ich Dank und Lob zum Ausdruck brachte.

Macht es wirklich einen Unterschied, wenn wir unseren Dank in Worte kleiden?

Singen Sie es heraus

In der Bibel wird die Dankbarkeit häufig mit Musik in Zusammenhang gebracht.

In Psalm 28,7 steht: „Der HERR ist meine Stärke und mein Schild; auf ihn hat mein Herz vertraut, und mir ist geholfen worden; daher jubelt mein Herz, und ich will ihn preisen mit meinem Lied." Psalm 147,7 fordert auf: „Stimmt dem HERRN ein Danklied an, spielt unserem Gott auf der Zither!"

Zu der Melodie der Dankbarkeit kann man sich wunderbar bewegen.

Das galt definitiv für das Volk Israel im Alten Testament. Zum einen denke ich da an die festliche Stimmung nach dem Wiederaufbau der Stadtmauern unter der furchtlosen Aufsicht von Nehemia trotz aller Feindschaft und allen Widerstandes während der gesamten Bauzeit. „Und bei der Einweihung der Mauer von Jerusalem holte man die Leviten aus allen ihren Orten, um sie nach Jerusalem zu bringen, damit man die Einweihung mit Freuden feiern könnte und mit Lobliedern und mit Gesang, mit Zimbeln, Harfen und Zithern" (Nehemia 12,27). Musik und Dank gehören in der Bibel eng zusammen.

Vielleicht denken Sie jetzt: *Ich kann aber nicht gut singen.* Das kann ich auch nicht. (Für die Tontechniker ist es jedes Mal ein Albtraum, wenn ich bei eingeschaltetem Mikro bei einer Konferenz oder bei einem Vortrag ein Lied anstimme!) Aber unabhängig davon, ob wir die Begabung zum Singen haben oder nicht, ist die Musik eine große Hilfe, unseren Dank auszudrücken und uns aufzumuntern. Sie muss sich nicht gut anhören, um tatsächlich gut zu sein.

Im Gottesdienst. Bei der Autofahrt. Beim Rasenmähen. Beim Terrasse-Kehren. Beim Gang zum Briefkasten.

Jeder Zeitpunkt ist ein guter Zeitpunkt, um ein Dankeschön zu singen.

Mein Hauptfach an der Uni war das Klavierspiel. Allerdings bin ich heute zeitlich so eingeschränkt, dass ich kaum noch ruhige Augenblicke finde, um mich mal ans Keyboard zu setzen und zu spielen. Hin und wieder jedoch, wenn ich zu Hause bin, setze ich mich auf den Klavierhocker, öffne das Liederbuch und spiele meine Lieblingslieder nacheinander durch. Dabei singe ich meinem Herrn Loblieder. Allein durch das Singen wird mein Herz neu erquickt. (Hinten im Anhang habe ich übrigens einige meiner Lieblingslieder aufgelistet.)

Zu anderen Zeiten kann es sein, dass ich beim Lesen eines Bibelabschnitts, beispielsweise eines Psalms, anfange, die Worte in einer eigenen Melodie zu singen; immer und immer wiederhole ich die Worte des Dankes und der Anbetung für meinen Herrn. Es ist definitiv etwas anderes, ob man Dank nur gesprochen zum Ausdruck bringt oder ob man ihn singt. Dankbarkeit dringt dadurch tiefer in unsere Seelen ein.

Wenn Sie also merken, dass Sie immer mehr die dankbare Haltung gegenüber Gott und seiner Güte verlieren, versuchen Sie, Ihren Dank einmal auf musikalische Art und Weise auszudrücken.

Knie nieder

„Vater Johnson" war ein lieber Freund von mir, der mittlerweile bei seinem Herrn im Himmel ist. Er war ein erfolgreicher Geschäftsmann, doch das Leben war für ihn nicht immer ganz einfach. Seine Mutter starb, als er noch nicht einmal zwei Jahre alt war. Als er Mitte zwanzig war, starb auch sein Vater. Aber Vater Johnson konnte, als ich ihn an seinem 89. Geburtstag anrief, sagen: „Ich würde mir wünschen, dass man mich nach meinem Tod als dankbaren Menschen in Erinnerung behält." Und das war er wirklich – ein dankbarer Mensch!

Diese dankbare Lebenseinstellung wurde im heißen Feuer der Prüfungen geschmiedet. Und dieses Feuer war am heißesten, als er und seine Frau mit dem Tod ihrer 17-jährigen Tochter Karen konfrontiert wurden. Karen hatte knapp zwei Wochen vor ihrem Highschool-Abschluss einen tödlichen Autounfall.

Als ich Jahre später als 17-jährige College-Studentin bei Ed und Joyce Johnson in Südkalifornien lebte, erzählte Vater Johnson einmal von den Momenten, kurz nachdem er vom Tod seiner Tochter erfahren hatte. Wer selbst noch nicht so einen plötzlichen Verlust verkraften musste, kann nicht nachempfinden, wie es einem in einem solchen Moment ergehen muss: diese Tiefen der Trauer, dieser Wirrwarr der Gedanken, das Bedauern und das Gefühl, dass einem jegliche Luft zum Atmen genommen wird. Ich kann es jedenfalls nicht.

Aber man muss solch einen Verlust nicht selbst durchlebt haben, um von dem anschließenden Geschehen und dem ungeheuerlichen Glauben an Gottes Souveränität und Güte beeindruckt zu sein, den dieser Mann bewies. Die Johnson-Familie verbrachte damals gerade ihren Wochenendurlaub in einer Ferienhütte in der südkalifornischen Wüste. Mr Johnson sah einen Freund in Begleitung von zwei weiteren Männern auf die Hütte zukommen; daraufhin ging er nach draußen, um zu sehen, was die drei wollten. Sie teilten ihm mit, dass Karens Auto von einem betrunkenen Fahrer gerammt worden war und sie den Unfall nicht überlebt hatte.

Zusammen gingen sie ins Haus, woraufhin sie die Nachricht seiner Frau und den vier jüngeren Kindern im Wohnzimmer mitteilten. Vater Johnson sagte: „Bevor wir anfangen zu fragen, warum Gott vor einigen Stunden Karen durch diesen Frontalzusammenstoß von uns genommen hat, wollen wir ihm danken, dass wir sie 17 Jahre lang haben durften." Es ist kaum zu glauben, aber wahr!

Es ist nicht verkehrt, wenn wir Gott gegenüber absolut ehrlich sind, wenn wir mit unseren Verletzungen, Schmerzen und Bitten vor ihn kommen und ihn um Hilfe und Heilung bitten.

Aber Gebet bedeutet viel mehr als Bitten. Gebet ist ein Hilfsmittel zur Anbetung und zum Dank.

Denken Sie einmal an Ihre Gebete. Sind sie nur auf Fragen und Bitten ausgerichtet? Oder sind Ihre Gebete voll von Beschwerden über Ihr augenblickliches Befinden und Ihre Umstände? Oder wenn Sie dringend Gottes Hilfe und Eingreifen benötigen – findet dann auch der Dank noch Platz in Ihren Gebeten?

Das sind wichtige Fragen, denen wir uns stellen müssen, damit wir unsere Herzen darauf ausrichten, zu begreifen, dass alles, was uns betrifft, im Zusammenhang mit Gottes Güte und Segen steht. Wir dürfen seine

Wohltaten nicht vergessen, während wir uns mit unseren Problemen herumschlagen. Danken Sie ihm, dass er da ist, dass er Ihnen zuhört und dass alle Dinge nach seinem Willen geschehen, noch bevor seine Antwort zu erahnen ist.

Paulus sagte zu Timotheus: „Ich ermahne nun vor allen Dingen, dass Flehen, Gebete, Fürbitten, Danksagungen getan werden für alle Menschen" (1. Timotheus 2,1). Genauso deutlich, innig und zeitaufwendig, wie unser „Flehen" und unsere „Fürbitten" sind, sollten auch unsere „Danksagungen" sein.

Wenn Sie schon immer den Wunsch hatten, dass Ihr Gebet so natürlich wie das Atmen ist, dann sollten Sie den Weg dorthin mit Dankbarkeit pflastern, und Sie werden erleben, dass anhaltendes Gebet Ihnen in Fleisch und Blut übergeht und nicht nur eine Ausnahme bleibt.

Privat und öffentlich

Damit Dankbarkeit wirklich zu einer wahren Freudenquelle wird, muss sie überall zum Ausdruck gebracht werden, bei jeder Gelegenheit, privat und öffentlich, vor Gott und Menschen.

In der Bibel ist der Prophet Daniel ein großes Beispiel für jemanden, der seine Dankbarkeit im persönlichen Rahmen, aber auch öffentlich zeigte.

Nachdem er Gott um die Erklärung des Traumes von König Nebukadnezar gebeten hatte (im Traum hatte der König ein Standbild aus mehreren Materialien und mit Füßen aus Eisen und Erz gesehen), reagierte Daniel auf

Gottes außergewöhnliche Offenbarung nicht, indem er sofort zum König eilte, um dadurch die Chance zu bekommen, die Nummer eins der Weisen im Königreich zu werden, sondern er hielt zuerst inne, um seinem Gott für die Antwort zu danken.

Wie dankbar sind Sie, wenn niemand Sie sieht?

„Dich, Gott meiner Väter, lobe und preise ich, dass du mir Weisheit und Kraft gegeben und mich jetzt hast wissen lassen, was wir von dir erbeten haben; denn du hast uns die Sache des Königs wissen lassen" (Daniel 2,23).

Später, als Darius einen Erlass verfügen ließ, dass für die kommenden 30 Tage niemand eine Bitte an jemanden richten dürfe außer an den König – das war eine Falle für Daniel, die zur Folge hatte, dass dieser in die Löwengrube geworfen wurde –, ließ Daniels Reaktion darauf etwas von seiner Lebenseinstellung erkennen: „Und als Daniel erfuhr, dass das Schriftstück ausgefertigt war, ging er in sein Haus. Er hatte aber in seinem Obergemach offene Fenster nach Jerusalem hin; und dreimal am Tag kniete er auf seine Knie nieder, betete und pries vor seinem Gott, wie er es auch vorher getan hatte" (Daniel 6,11). Nichts konnte Daniel von seiner Gewohnheit, Gebet und Danksagung vor Gott zu bringen, abhalten – noch nicht einmal die Androhung von größter Gefahr.

Wie dankbar sind Sie, wenn niemand Sie sieht? Wie schnell sind Sie bereit, Gott zu danken, wenn andere zuschauen? Wie viel Raum bleibt für Dankbarkeit in Ihrem täglichen Kontakt mit anderen Menschen? Dankbarkeit ist nicht nur Ihre Privatsache; sie gehört in die Öffentlichkeit.

Haben Sie es nicht auch schon einmal im Gottesdienst, im Hauskreis oder bei ähnlichen Veranstaltungen erlebt, dass der Pastor oder Leiter fragt, wer ein Zeugnis für Gottes Güte geben könnte, und plötzlich war der ganze Raum mucksmäuschenstill, so als wäre es peinlich, etwas zu sagen, oder als sei solch ein Gedanke einem vorher überhaupt nicht in den Sinn gekommen? Wir haben keine Probleme damit, anderen Menschen unsere Sorgen und Nöte mitzuteilen, aber wenn es darum geht, unseren Dank auszudrücken, sind wir sehr zurückhaltend.

David hatte keinerlei Hemmungen, Gott öffentlich zu preisen: „Ich will dich preisen unter den Völkern, Herr, will dich besingen unter den Völkerschaften“ (Psalm 57,10). „Ich werde dich preisen in der großen Versammlung, unter zahlreichem Volk dich loben“ (Psalm 37,18).

Im Stillen, allein vor dem Herrn. In der Öffentlichkeit, wo andere Menschen zuhören können und an Gottes Güte erinnert werden.

Seine Gnade gilt immer, unabhängig von Jahreszeiten und Wetter – ein allgegenwärtiges Wunder, das es festzuhalten gilt. Möge unsere Dankbarkeit genauso gesehen werden.

Wann und Wo

Es gibt zahlreiche *Möglichkeiten*, wie wir unseren Dank und unser Lob ausdrücken können.

Durch Worte, die wir sagen. Durch Musik und Gesang. Durch Gebete, im Stillen und öffentlich.

Und es gibt genauso viele *Zeiten* und *Orte*, die wir zum Danken und Loben nutzen können.

Zum Beispiel an Feiertagen. („Feiertag“ heißt im Englischen „holiday“, abgeleitet von „holy day“ – heiliger Tag; Anm. d. Übers.) Feiertage bedeuten viel mehr als Geschenkeaustausch und Feiern; dies sind meistens planbare und wiederkehrende Gelegenheiten, bei denen man über Gottes Güte, Barmherzigkeit und Gnade reflektieren kann. Weihnachten, Erntedankfest sowie andere Feiertage sind prädestiniert dafür, um sein Lob groß zu machen.

Ich erinnere mich besonders gut an einen Silvesterabend, den wir bei Freunden zu Hause verbrachten; wir erinnerten uns an Gottes Güte, dankten ihm für den Segen im vergangenen Jahr, baten um seinen Segen für das kommende und feierten schließlich das Abendmahl zusammen (Erinnern Sie sich: „Eucharistie“ bedeutet „Danksagung“!).

Die Juden im Alten Testament hatten ihre eigenen Feiertage. Dreimal im Jahr unternahm jeder jüdische Mann eine Pilgerreise nach Jerusalem, hauptsächlich um dort anzubeten. Zu Beginn der Ernte, um die ersten Früchte darzubringen und Gott für die bisherige Ernte zu danken ... und für das, was er ihnen noch im Laufe des restlichen Jahres geben würde.

Zum Passahfest reisten sie wieder nach Jerusalem, um sich daran zu erinnern, dass Gott ihre Vorväter aus der Sklaverei in Ägypten befreit hatte. Und schließlich gab es eine dritte Reise zum Ende der Ernte, um Gott für Regen, Sonne und Samen zu danken – letztendlich für alles, was den trockenen Boden verwandelt hatte, um sie im Überfluss zu versorgen.

Dazu gab es noch weitere besondere Tage, an denen man seinen Dank ausdrücken konnte – z. B. bei der Einweihung des Tempels, bei der die Feier und Pracht eine unglaubliche Anbetung und Danksagung zur Folge hatten.

In unserem Leben ist es oft ähnlich. Da gibt es Momente und Abschnitte, die regelrecht nach Dankbarkeit verlangen. Wer mich kennt, weiß, dass ich nicht viel brauche, um einen Grund für eine „Danksagungsfeier" zu finden.

Kurz nachdem ich in mein neues Zuhause eingezogen war, lud ich Freunde und Nachbarn zu einem besonderen Abend ein, an dem wir Gott für seine großzügige Versorgung in unserem Leben dankten und ich mein Zuhause zum Nutzen für Gottes Reich weihte.

Ich erinnere mich noch an ein besonderes Fest vor einigen Jahren. In der Einladung war Folgendes zu lesen:

Einladung
zu einem Fest der Erlösung

Gedenkt dieses Tages, an dem ihr aus Ägypten gezogen seid, aus dem Sklavenhaus! Denn mit starker Hand hat euch der Herr von dort herausgeführt.
(2. Mose 13,3)

Anlässlich meines 35. geistlichen Geburtstages möchte ich meine Freunde einladen, diesen Tag mit mir zu feiern, indem wir an das großartige Geschenk der Errettung durch Jesus Christus denken. In dieser Zeit besteht die Möglichkeit, Gott zu loben, anzubeten und Zeugnis zu geben.

Geschäftseröffnungen, der Beginn eines neuen Arbeitszweiges in der Gemeinde, Geburtstage und Hochzeitstage – das Leben bietet so viele Möglichkeiten, um bei einfachen Feiern und Zusammenkünften Gott Dank zu bringen. Das sind keine zufälligen Ereignisse. Es sind Gelegenheiten, um dem Geber aller guten Gaben zu danken, der „mit Gutem sättigt dein Leben" (Psalm 103,5).

Selbst Beerdigungen können „heilige Tage" sein, an denen wir Gott für seine Kinder danken können. Wir weinten, als mein Vater am Wochenende meines 21. Geburtstages heimging, um bei dem Herrn zu sein. Wir trauerten. Aber wir konnten auch von Herzen danken – für den Einfluss seines Lebens, für seine Liebe zu uns und zum Herrn, für seine sichere Heimat im Himmel, für den Tag, an dem wir wieder mit ihm in der Gegenwart des Herrn vereinigt sein werden.

Eigentlich sollte es keiner besonderen Gelegenheit bedürfen, um dankbar zu sein, so als bräuchte Dankbarkeit eine besondere Plattform, damit sie sichtbar wird. Die Schrift fordert uns heraus, *allezeit* und *tagtäglich* dankbar zu sein:

- *Morgens und abends.* David wies die Leviten an, „Morgen für Morgen anzutreten, um den HERRN zu preisen und zu loben, und ebenso am Abend" (1. Chronik 23,30).

- *Dreimal täglich.* Wir haben bereits Daniels Vorbild in diesem Kapitel betrachtet, wie er morgens, mittags und abends vor Gott trat und sich besonders Zeit nahm, um Gott für seine Güte und Treue zu danken.

- *Mitten in der Nacht.* „Um Mitternacht stehe ich auf, um dich zu preisen“, schrieb der Psalmist in Psalm 119,62. Auch in Zeiten der Schlaflosigkeit dürfen wir an den Herrn denken, ihm erneut danken, um anschließend wieder auf dem „sanften Ruhekissen der Dankbarkeit“ einzuschlafen.

- *Beständig.* „Den Herrn will ich preisen allezeit, beständig soll sein Lob in meinem Munde sein“ (Psalm 34,1). Bei jedem bewussten Gedanken an Gottes Segnungen sollte unser automatischer Reflex Dankbarkeit sein.

Warum auch nicht? Schließlich sagte David: „Herr, mein Gott, in Ewigkeit will ich dich preisen“ (Psalm 30,13). Also, warum sollten Sie nicht allen Fleiß aufwenden, um Ihre Dankbarkeit zum Ausdruck zu bringen – nicht weil Sie es müssen oder weil Gott es befohlen hat –, sondern als Antwort eines zutiefst dankbaren Herzens.

Somit sollte Dankbarkeit jederzeit, in jeder Stunde, an jedem Tag möglich sein. Sollte es vorstellbar sein, dass uns die Gründe, dankbar zu sein, „ausgehen“? Ganz bestimmt nicht!

Anmerkungen

[1] Olivia Barker, „Whatever happened to Thank-You-Notes?“ USA Today, 26. Dezember 2005, http://www.usatoday.com/life/lifestyle/2005-12-26-thank-you-notes_x-htm.

[2] James S. Hewett, *Illustrations Unlimited: A Topical Collection of Hundreds of Stories, Quotations, & Humor for Speakers Writers, Pastors and Teachers*, S. 263, Tyndale, Carol Stream, 1988.

Kapitel 7
Danke … für alles

Wenn Sie Gott für alle Segnungen danken,
bleibt Ihnen dann noch Zeit zum Jammern und Klagen?
R. C. Trench

Sie haben wahrscheinlich geahnt, dass wir irgendwann auch einmal zu diesem Thema kommen würden, nämlich zu den „Dingen, für die Sie Gott danken können". Wahrscheinlich hatten Sie es schon weiter vorne im Buch erwartet: eine Art Aufzählung, wie man sie am Erntedanktisch macht, wie man sie in der Sonntagsschule abfragt, etwa als eine Art „Pausenfüller", wenn noch Zeit übrig ist und man mit dem vorbereiteten Thema bereits durch ist.

Ein Grundkurs in Dankbarkeit.

„Wofür bist du dankbar?"

Aber ich habe dieses Kapitel aus einem bestimmten Grund erst in der zweiten Hälfte dieses Buches untergebracht. Der Grund dafür ist (wieder) der Unterschied zwischen der christlichen und der allgemeinen Dankbarkeit; es ist etwas anderes, ob ich die Adresse auf einem Umschlag notiere oder lediglich eine Briefmarke auf den unbeschriebenen Umschlag klebe. Wenn wir unsere Dankbarkeit nicht mit Gottes Gnade in Verbrindung bringen, ist es so, als würden wir mitten in der Nacht aufwachen und könnten nur die halbe Anzeige des Weckers sehen. Wenn man nur „zwanzig nach" sieht, weiß man nicht, wie viel Uhr es tatsächlich ist. Wenn wir aber Stunden- und Minutenzeiger in Kombination miteinander sehen, wenn wir den Geber und die Gabe in Verbindung miteinander sehen, hift uns das dabei, das ganze Dankbarkeitsexperiment nicht zu „verschlafen".

Ich möchte hier niemandem den Spaß verderben oder die ganze Sache unnötig kompliziert machen. Auch möchte ich keine Methodenlehre oder einen Mechanismus über diese einfachen Gedanken konzipieren, so als könnten nur die Klügsten und Weisesten unter uns in angemessener Art und Weise Gott danken.

Mein Wunsch ist es einfach, dass wir befreit sind, um Gottes Güte tiefer erfahren und ausdrücken zu können, damit wir nicht den Heiligen Geist betrüben, „indem wir blind für seinen Segen und das Gute anderer Menschen an und für uns sind und es versäumen, unseren Dank entsprechend auszudrücken".

Wer anders als ein Christ kann jemandem für ein gutes Essen danken, für eine gute Zeit und positive Bemühungen, mit dem Wissen, dass dies nicht nur von Menschen, sondern letztendlich von dem lebendigen Gott kommt.

Ich freue mich in dem Wissen, dass er sich um mich kümmert und mich versorgt – nicht nur, dass ich Luft zum Atmen und Nahrung zum Essen habe, sondern dass er mir noch viel mehr aus der Fülle seines großzügigen Herzens gibt.

Und ich möchte nicht versäumen, mich für etwas bei ihm zu bedanken.

Halte ich meine Augen in Dankbarkeit für die zahlreichen Beweise seiner Gnade weit offen, wird mir vieles deutlicher, damit ich in dieser zerbrochenen Welt weitermachen kann.

Wenn wir jedoch unsere Dankbarkeit für alle Segnungen dem, dem wir sie zu verdanken haben, vorenthalten, bleiben uns nur lose, bunte Fäden in der Hand, die ansonsten zu einem schönen Muster miteinander verwoben werden könnten. Es sind dann einfach nur ein paar schöne, bunte Fäden.

Da stehen wir also mit den Dingen, für die wir dankbar sind, und wissen nicht, wohin mit dem Dank.

Sichtbare, materielle Segnungen

Charles Spurgeon hat einmal gesagt: „Wir wollen Gott täglich für die gewöhnlichen Segnungen danken – oftmals nennen wir sie ‚gewöhnlich‘, trotzdem sind sie sehr wertvoll, denn wenn wir sie nicht hätten, würden wir umkommen.“[1]

Badeschaum. Zahnpasta.

Heißes Wasser. Spülmaschinenreiniger.

Klimaanlage. Pflanzen.

Sonnenuntergänge. Sonnenbrillen.
Geburtstagskarten. Blauer Himmel.
Taschenlampen. Decken.
Familienfotos. Frisches Obst.
Messbecher. Warme Kleidung.
Bücher. Buchregale.
Wunderschöne Musik. Saubere Bettwäsche.
Herbstlaub. Haftzettel.

Wenn wir alles für selbstverständlich halten und denken, dass alles, was wir haben, zum Leben einfach dazugehört, sind wir geneigt zu glauben, dass unsere Haushaltsgegenstände eben nur aus dem Supermarkt kommen und nicht von unserem gütigen Gott; folglich versäumen wir unbemerkt viele Gelegenheiten, um ihm unseren Dank zu sagen.

Es gibt Menschen, die ein langes Gesicht machen, wenn man sie fragt, wofür sie dankbar sind. Dagegen können sie, ohne groß nachzudenken, eine Litanei über ihren Glauben, ihre Familie, ihr Essen und ihre Gesundheit heruntersagen. Sie werden jedoch trotz der vielen Gelegenheiten Gottes Herz niemals so nahe kommen, um auf diese einfache Frage eine Antwort geben zu können.

Füllfederhalter. Briefpapier.
Tierwelt. Pflanzenwelt.
Autoversicherung. Popcorn.
Dachbodenstauraum. Geteerte Straßen.

Dies sind Dinge, die nicht nur das Leben angenehm machen. Sie zählen zu dem, was Jakobus meinte, als er sagte: „Jede gute Gabe und jedes vollkommene Geschenk kommt von oben herab, von dem Vater der Lichter" (Jakobus 1,17). Auch für solche Dinge gilt die

Aufforderung: „Sagt allezeit für alles dem Gott und Vater Dank im Namen unseres Herrn Jesus Christus!" (Epheser 5,20).

Diejenigen, die verstanden haben, für was sie Gott alles danken können – angefangen bei Zangen und Heckenscheren, bis hin zu Papptellern –, wissen sehr wohl, was mit „alles" gemeint ist.

Sollten Sie nicht zu jenen Menschen zählen?

Geistliche Segnungen

Aber auch wenn wir uns noch so anstrengen, nicht einen Segen unbeachtet zu lassen, z. B. die Kleiderbügel und Büroklammern, müssen wir uns bewusst machen, dass wir nicht alles erfassen können.

Wenn Sie nun meinen, dass es einfach zu viele Dinge gibt, für die Sie dankbar sein können, dann fordere ich Sie jetzt heraus, über das Alltägliche, die Tier- und Pflanzenwelt und Gottes vielfältige Gaben, hinauszusehen und auch einmal über seine geistlichen Segnungen nachzudenken.

Ich kann Ihnen versichern, diese Liste wird noch länger werden.

Ein Ereignis, dem ich viel Bedeutung beimesse, ist mein „geistlicher Geburtstag" – der Tag, an dem ich bewusst mein Leben Jesus anvertraut habe. Als ich 2002 meinen 39. „geistlichen Geburtstag" feierte, erstellte ich eine Liste mit 39 „geistlichen" Geburtstagsgeschenken – Geschenken, die in seinem Wort aufgezählt werden, die er mir und allen seinen Kindern macht. Das war eine großartige Erinnerung an alles, wofür ich danken kann. Im Laufe der Jahre wurde die Liste immer länger. Und da seine Großzügigkeit unerschöpflich ist, bin ich überzeugt, dass mein Leben nicht lang genug sein kann, um ihm jemals für alle seine Gaben danken zu können![2]

Diese Liste beinhaltet z. B. Frieden mit Gott; in seine Familie hineingeboren zu sein; vor seinem Zorn errettet zu sein; ein sinnvolles Leben zu haben. Ich danke ihm für die zwei wunderbaren Stellvertreter – Jesus im Himmel und den Heiligen Geist in mir. Ich danke, dass er mir einen Fürsprecher gegeben hat, einen Strafverteidiger, der mich täglich gegen Nachstellungen und Angriffe des Teufels verteidigt. Ich danke ihm, dass er meine Seele wieder aufgerichtet hat, dass er mir ein Erbe mit anderen Heiligen zugesagt hat, für seine Macht, die mich schützt, damit ich nicht vor der Zielgeraden ins Stolpern gerate.

Diese Liste kann endlos weitergeführt werden.

Nur die Dankbarkeit eines Gläubigen, die in direktem Zusammenhang mit Gottes unvergleichlicher Gnade steht, kann es wagen zu versuchen, dieses Geschenk zu begreifen. Wollen wir gemeinsam danach streben? Wer weiß, was wir noch alles entdecken werden.

- *Gottes Nähe.* „Wir danken dir, wir danken dir, Gott, und preisen dich sehr! Dein Name ist nah …" (Psalm 75,1; NeÜ). Stellen Sie sich vor, Gott hätte uns nach unserer Errettung alleine „mit Furcht und Zittern" zurückgelassen. Aber nein, „Gott ist es, der in euch wirkt, sowohl das Wollen als auch das Wirken zu seinem Wohlgefallen" (Philipper 2,13). Sein Geist ist in uns, er ist uns näher als unser nächster Atemzug. Dieser Geist ist es, der uns ausrüstet und ermutigt, unseren täglichen Lebenskampf zu bestreiten. Er ist da, wenn wir ihn rufen; dann, wenn wir ihn brauchen; dann, wenn wir stolpern. Einfach jederzeit.

Eines Tages erhielt ich eine E-Mail von einer Frau, die an einem Wochenendseminar teilgenommen hatte. Auf diesem Seminar war ein Modell der Stiftshütte in Originalgröße aufgebaut, durch das man hindurchgehen konnte. Sie schrieb mir, wie beeindruckt sie gewesen sei, in das Allerheiligste eintreten zu dürfen. Sie sagte: „Ich war überwältigt, als mir bewusst wurde, dass ich nicht wie die Israeliten damals, die in Gottes Nähe traten, den Tod fürchten musste." Der dicke Vorhang der Trennung zwischen dem Heiligen und dem Allerheiligsten ist von oben bis unten zerrissen. Durch das Werk Christi am Kreuz dürfen wir Gott nahen.

Gott ist nahe. Dafür wollen wir danken.

- *Gottes Heiligkeit und Treue.* Bestimmt gibt es bei jedem von uns hin und wieder Zeiten, in denen wir dazu neigen, uns selbst vorzugaukeln, Gottes unfehlbare Heiligkeit sei eher eine Last als ein Segen. Wir ertappen uns dabei, dass wir uns fast wünschten, sein fehlerloses Vorbild und seine gerechten Forderungen seien nicht so felsenfest und unnachgiebig.

  Selbst wenn unsere menschliche Natur den kurzsichtigen Wunsch nach mehr Spielraum innerhalb seines absoluten Anspruchs auf Vollkommenheit hat, ist es dennoch göttliche Gnade, dass eines in unserem Leben felsenfest bleibt: nämlich, dass Gott

heilig und treu ist. Während alles um uns herum instabil ist und sich verändert, bleibt er dennoch immer derselbe.
Gegen Gottes Standfestigkeit brauchen wir uns nicht zu sträuben und wir müssen auch nicht vor ihr zittern. Dieses „selige Wissen" ist vielmehr ein Geschenk, egal, wie unzuverlässig Menschen um uns herum auch sein mögen oder wie oft wir unsicher stolpern oder fallen, Gott wird immer da sein, er ist immer wahr und zuverlässig. „Spielt dem HERRN, ihr seine Frommen, und preist seinen heiligen Namen!" (Psalm 30,5).
Gott ist heilig und treu. Dafür wollen wir danken.

- *Gottes Barmherzigkeit.* Immer wieder bin ich dankbar, dass Gott seine Maßstäbe nicht aufgrund unseres Ungehorsams und unserer Unfähigkeit herabsetzt. Ich bin froh, dass wir uns auf ihn verlassen können, gestern, heute und in Zukunft. Und dennoch, welch ein Trost ist es, dass „er unser Gebilde [kennt], gedenkt, dass wir Staub sind" (Psalm 103,14). Ihm ist völlig bewusst – mehr als uns selbst –, dass wir nicht annähernd gut genug sein können. „Gott aber, der reich ist an Barmherzigkeit" (Epheser 2,4), hat sich zu uns herabgeneigt, um uns durch das kostbare Opfer seines Sohnes zu retten und zu erlösen. Er war das vollkommene Opfer.
  „Ich preise dich, HERR! Ja, du hast mir gezürnt. Möge dein Zorn sich wenden, dass du mich tröstest!" (Jesaja 12,1). Sein rechtmäßiger Zorn auf uns hat sich gewandelt, denn er beschloss, uns stattdessen Barmherzigkeit zu zeigen (s. Habakuk 3,2).

Mit nichts in der Welt können wir diese wunderbare Gnade zurückzahlen. Es gibt nur eines, das ihren Wert würdigen kann, nämlich ein dankbares Herz, das in Wort und Tat gegründet ist.
Gott ist barmherzig. Dafür wollen wir danken.

- *Gottes Erlösung.* „Gott aber erweist seine Liebe zu uns darin, dass Christus, als wir noch Sünder waren, für uns gestorben ist" (Römer 5,8). „Den, der Sünde nicht kannte, hat er für uns zur Sünde gemacht, damit wir Gottes Gerechtigkeit würden in ihm" (2. Korinther 5,21). „Gott sei Dank für seine unaussprechliche Gabe" (2. Korinther 9,15).
  Wenn wir über Christi Liebe nachdenken, sein unvergleichliches Opfer und das Geschenk seiner vollen Erlösung, das uns auf ewig gerettet und versiegelt hat, dann sollte eigentlich kein Tag vergehen, an dem wir nicht dem Vater Dank sagen, „der [uns] fähig gemacht hat zum Anteil am Erbe der Heiligen im Licht" (Kolosser 1,12).
  Gott hat uns errettet – von der Sünde, von Satan und uns selbst. Von der Dunkelheit, von der Zerstörung und vom Tod. Dafür wollen wir danken.

- *Gottes Berufung.* „Ich danke Christus Jesus", sagte der Apostel Paulus, „unserem Herrn, der mir Kraft verliehen, dass er mich treu erachtet und in den Dienst gestellt hat" (1. Timotheus 1,12).
  Jeder von uns hat seine eigenen Aufgaben, für die er verantwortlich ist. Das kann z. B. die Versorgung für Haus und Familie sein; die Pflege von Patienten; das Bedienen von Kunden; das Unterrichten von

Kindern oder vieles andere. Aber wir haben auch das Privileg, anderen persönlich zu dienen, z. B. Familien in Not mit einem Mittagessen zu versorgen, Kranke und Alte zu besuchen, Andachten in Hauskreisen zu halten, und es gibt noch viele andere Möglichkeiten, praktische Hilfestellung zu geben. Dies alles braucht Zeit. Ja, und es kann auch ermüdend sein.

Tatsächlich bin ich zu der Auffassung gelangt, wenn es etwas gibt, über das sich Menschen am meisten beschweren – mich eingeschlossen –, dann ist es der permanente Stress und die Müdigkeit vom ewigen Hamsterradrennen.

Haben Sie jemals darüber nachgedacht, für das zu danken, was ich als „sinnvolle Arbeit" bezeichnen würde? Mir ist wohl bewusst, dass es Arbeiten gibt, die monoton, stupide oder bedeutungslos zu sein scheinen. (Für jede angenehme Aufgabe scheint es mindestens zehn oder noch mehr Aufgaben zu geben, zu denen ich mich regelrecht zwingen muss, oder es handelt sich um Angelegenheiten, die wenig, gar nicht oder nicht sofort beachtet werden.) Folglich sind wir am Ende des Tages (oder sogar schon vorher!) völlig ausgelaugt. Eines jedoch steht fest: Jede Berufung ist auch eine Herausforderung, die uns demütig hält und uns dazu bringt, uns ganz und gar auf Gott zu verlassen.

Die Kapitel 1-9 in 1. Chronik enthalten vor allem Geschlechterfolgen und Aufzählungen; diese Abschnitte gehören für die meisten nicht unbedingt zu den Lieblingspassagen in der Bibel. Kürzlich jedoch wurde ich auf einen Abschnitt aufmerksam, in dem die Aufgaben einiger Leviten bis ins Detail beschrieben wurden. Einige hatten die Verantwortung, die Tempelgeräte jedes Mal nach ihrem Gebrauch zu zählen. Andere waren verantwortlich für die Salbenmischungen (1. Chronik 9,30). Schließlich wird auch noch Mattitja erwähnt, dem das Pfannen-Backwerk anvertraut worden war (V. 31). Das alles sind nicht gerade erstrebenswerte Aufgaben, nicht wahr? Aber diese treuen Diener verherrlichten Gott, indem sie ihrer Berufung tagtäglich gerecht wurden.

Auch wenn uns manche Aufgaben bedeutungslos vorkommen und wir müde werden, sollten wir uns an das Vorrecht erinnern lassen (und wie sehr gilt dies mir!), dass uns der lebendige Gott mit Verantwortung in seinem Reich betraut hat.

Inmitten von dauerhaften Diensten und scheinbar sinnlosen Aufgaben habe ich den Eindruck, dass die „Last“ meiner Verpflichtungen leichter wird, wenn ich sie als eine hohe und heilige Berufung betrachte, etwa wie ein Geschenk, das mit Dank entgegengenommen wird.

Obwohl Gott wahrlich nicht auf uns angewiesen ist, um sein Werk zu vollbringen, hat er uns doch in seinen Dienst berufen. Dafür sollten wir dankbar sein!

- Sieg über Tod und Grab.
  „Gott aber sei Dank“ (1. Korinther 15,57)
- Befreiung von unserer Sünde.
  „Ich danke Gott durch Jesus Christus, unseren Herrn!“ (Römer 7,25).
- Der absolute Sieg des Evangeliums.
  „Wir danken dir, Herr, Gott, Allmächtiger“ (Offenbarung 11,17).

Diese Liste könnte endlos fortgesetzt werden.

Gottes Geschenke an uns sind so unzählbar und grenzenlos, wie es seinem Wesen entspricht. Ich glaube tatsächlich, dass wir die Ewigkeit damit zubringen werden, diese Geschenke und Segnungen entgegenzunehmen und „auszupacken“! „Gepriesen sei der Gott und Vater unseres Herrn Jesus Christus! Er hat uns gesegnet mit jeder geistlichen Segnung in der Himmelswelt in Christus“ (Epheser 1,3).

Segnungen in Form von Beziehungen

Zusätzlich zu den geistlichen Segnungen, die direkt von Gott kommen, beschenkt er uns mit noch so viel mehr durch andere Menschen – Freunde, Familienmitglieder, Glaubensgeschwister.

In allen seinen neutestamentlichen Briefen (bis auf vier) macht Paulus deutlich, wie wichtig es ist, für andere Menschen dankbar zu sein. Dankbarkeit lag Paulus am

Herzen. Er dankte den Empfängern für das aufmunternde Bekenntnis ihres Glaubens, für ihre opferbereite Liebe sowie für ihr Vorbild in Einheit und Gemeinschaft. Immer dann, wenn er persönlich durch jemanden ermuntert wurde, revanchierte er sich mit persönlicher Ermutigung.

Diese Menschen und Beziehungen waren in seinen Augen kostbare Schätze.

Ich selbst habe auch viele solcher Schätze: Familienmitglieder, treu ergebene Mitarbeiter, Partner im Dienst, wertvolle Freunde, die mir durch ihre Freundlichkeit Gutes tun, indem sie für mich beten und mich ermutigen, damit ich im Kampf bestehen kann.

Haben Sie schon einmal gründlich „Inventur" über die Menschen gemacht, die Ihr Leben beeinflusst haben? Haben Sie sich je die Zeit genommen, ihnen einmal dafür zu danken?

William Stidger war ein Pastor mittleren Alters, der sich – wie so viele andere – durch die harten und schweren Tage der großen Weltwirtschaftskrise kämpfte. Er war umgeben von verzweifelten und niedergedrückten Menschen, die sich nach den grundlegendsten Dingen wie Arbeit, einer anständigen Mahlzeit und ein bisschen Sicherheit sehnten.

Damals war es gewiss nicht einfach, den Pastorendienst an Menschen zu erfüllen (nicht, dass es jemals einfach wäre). Als er jedoch eines Tages mit einer Gruppe von Freunden um einen Tisch herum versammelt war und sie miteinander über ihre hoffnungslose Situation redeten – einige zogen sogar provozierend Selbstmord in Betracht –, beschloss William für sich, dankbar zu sein. Dankbar für Gott, für seinen Glauben und für die Menschen in seinem Leben.

Seltsamerweise kam ihm als Erstes seine Englischlehrerin in den Sinn; diejenige, die seine Liebe zur Literatur und Poesie geweckt hatte, einer Leidenschaft, die ihn sicherlich dahingehend beeinflusst hatte, Pastor und Autor zu werden. An jenem Abend setzte er sich hin, um ihr einen einfachen Dankesbrief zu schreiben, den er am nächsten Morgen zur Post brachte.

Haben Sie schon einmal gründliche „Inventur" über die Menschen gemacht, die Ihr Leben beeinflusst haben? Haben Sie sich je die Zeit genommen, ihnen einmal dafür zu danken?

Nur wenige Tage später erhielt er eine Antwort von eben dieser Lehrerin. Sie schrieb: „Mein lieber Willy" – so war er seit Jahrzehnten nicht mehr genannt worden –, „ich kann dir gar nicht sagen, wie viel mir dein Brief bedeutet hat. Ich bin mittlerweile um die achtzig, bewohne ein kleines Zimmer, koche noch für mich selbst und fühle mich wie das letzte Blatt an einem Herbstbaum. Es wird Dich interessieren, dass ich 50 Jahre als Lehrerin unterrichtet habe und dein Dankesbrief der allererste ist, den ich je erhalten habe. Er kam an einem kalten, klaren Morgen hier an und munterte mich auf wie schon seit vielen Jahren nichts mehr."

Man braucht nicht zu erwähnen, dass diese Worte dem Herzen von William Stidger eine unendliche Leichtigkeit verliehen – eine Leichtigkeit, die er am Tag zuvor noch nicht empfunden hatte – und eine Unbeschwertheit, wie er sie seit dem Börsencrash und dessen Folgen nicht mehr erlebt hatte. Zumindest erschien es ihm so.

Diese Antwort auf sein Dankesschreiben motivierte William und bestärkte ihn, auch noch anderen Menschen zu danken (Dankbarkeit belebt Empfänger und Geber gleichermaßen). Ihm fiel der freundliche ältere Bischof ein, der mittlerweile in Rente und dessen Frau kürzlich verstorben war. Oft hatte der Bischof William beraten und ihn über die Jahre hin vorbildlich geleitet, vor allem als er, William, noch ein junger Pastor gewesen war. Vielleicht wäre dies nun ein guter Zeitpunkt, Danke zu sagen.

Wieder dauerte es nur einige wenige Tag, bis William Antwort erhielt, denn seine wohlüberlegten Worte veranlassten den Empfänger, sich umgehend zu bedanken. Der älter gewordene Bischof schrieb: „Dein Brief war so wundervoll, so echt, und als ich ihn in meinem Arbeitszimmer las, hatte ich Tränen in den Augen, Tränen der Dankbarkeit. Unbewusst stieg ich aus meinem Sessel auf und rief nach meiner Frau, um ihr davon zu erzählten. Ich hatte völlig vergessen, dass sie nicht mehr da war. Du kannst Dir nicht vorstellen, wie sehr mich dein Brief ermuntert hat. Den ganzen Tag über hatte ich deswegen ein Lächeln auf dem Gesicht."[3]

Ein Lächeln, das durch ehrliche Dankbarkeit hervorgerufen wurde.

Diejenigen, deren Herzen die richtige Einstellung haben, werden niemals mehr einen Anlass versäumen, um Danke zu sagen: für physische und materielle Segnungen, für geistliche Segnungen sowie für Menschen, die uns Gutes getan und unser Leben berührt haben.

„Gepriesen sei der Herr Tag für Tag. Er trägt für uns Last, Gott ist unsere Rettung! ... Preise den Herrn, meine Seele, und vergiss nicht alle seine Wohltaten" (Psalm 68,20 und Psalm 103,2).

Der Liederdichter Johnson Oatman Jr. drückte es folgendermaßen aus:

Zähl das Gute, denke doch daran,
und du wirst dich wundern, was dir Gott getan.[4]

Wenn wir uns Zeit zum Nachdenken nehmen, werden wir feststellen, wie gesegnet wir doch wirklich sind. Das bedeutet aber nicht, dass unser Leben deswegen einfach wäre. Manchmal hat es den Anschein, wir hätten mehr (oder schwerer wiegende) Probleme als Segnungen in unserem Leben. Sollen wir etwa so wie das Waisenkind Pollyanna (Hauptfigur in einem 1913 erschienen Kinderbuch der US-amerikanischen Autorin Eleanor Hodgman Porter; Anm. d. Übers.) leben, das immer glücklich und optimistisch war? Ist es tatsächlich möglich, immer dankbar zu sein, auch dann, wenn unsere Augen voller Tränen sind?

Anmerkungen

1 Charles H. Spurgeon, *Evening by Evening*, 1. Dezember, Bridge-Logos, Alachua, 2005.

2 Die vollständige Liste von „Geistlichen Geburtstagsgeschenken“ finden Sie als PDF-Datei (auf Englisch) unter http://reviveourhearts.com/pdf/uploads/45SpiritualGifts.pdf.

3 Illustration von David A. Seamands in der Predigt „How to Celebrate Thanksgiving“, Preaching Today Tape No. 68,

erhältlich auf www.PreachingTodaySermons.com, einer Quelle von Christianity Today International.

4 *Count Your Blessings*, Liedtext von Johnson Oatman Jr. (dt.: Zähl das Gute, sieh was Gott getan)

Kapitel 8
Jedoch nicht ohne Opfer

Es ist in der Tat schwierig, Gott für alles Danke zu sagen; denn das bedeutet, ihm auch für Prüfungen aller Art zu danken, für Leid und Schmerzen, für Anfechtungen, für Einsamkeit. Dennoch wird dies in den Augen der Menschen, die Gehorsam und Unterordnung gelernt haben, nicht unmöglich sein.

Priscilla Maurice[1]

1989 bekam der US-amerikanische Fotojournalist Tony O'Brien vom Magazin *LIFE* den Auftrag, eine Dokumentation über den Sturz der afghanischen Hauptstadt Kabul nach dem Abzug der Sowjets zu machen. Er geriet ins Fadenkreuz eines brutalen Bürgerkrieges und landete schließlich durch sowjetische Sicherheitskräfte in einem afghanischen Gefängnis.

Wahrscheinlich kann nur derjenige, der einmal in Kriegsgefangenschaft geraten ist, diesen Horror nachempfinden. Vielleicht hätte Tony O'Brien während dieser Tortur den Verstand verloren, wenn er nicht durch einen mitinhaftierten schiitischen Muslim, Nader Ali, ermutigt worden wäre. Inmitten dieses Albtraums wurde diese bemerkenswerte Freundschaft zu einem echten Hoffnungsstrahl, den beide brauchten, um hier überleben zu können.

Rechtzeitig schafften es verschiedene Diplomaten und Kollegen, die Freilassung von O'Brien zu erwirken, damit er wieder sicher nach Hause nach Neumexiko reisen konnte. Er fand sich jedoch drei Jahre später in einem Flugzeug wieder, das ihn nach Kabul an den Ort seiner Gefangenschaft zurückbrachte; zurück an den Ort, an dem er unrechtmäßig in Gewahrsam genommen worden war. Dieses Mal musste er allerdings nicht in einen Gewehrlauf blicken ... es war ein nicht nachlassender innerer Zwang zur Dankbarkeit. Er schrieb Folgendes:

> *Als ich Nader Ali das letzte Mal sah, war er hinter Gittern und musste zusehen, wie ich in die Freiheit gehen konnte. Niemals hätte ich es für möglich gehalten, ihn einmal wieder zu sehen oder überhaupt noch einmal nach Afghanistan zurückzukommen. Jetzt aber sitze ich im Flugzeug und kehre an den Ort zurück, an dem ich die schrecklichsten Wochen meines Lebens verbracht habe.* Ich muss diesem Mann einfach danken ...
> *Ich konnte jedem danken, der mich aus dem Gefängnis geholt oder der meine Mutter jede Woche angerufen hat. Doch habe ich nie demjenigen gedankt, der mir Kraft zum (Über-)Leben gab. Afghanistan ist nun frei, ich jedoch nicht.*[2] (Hervorhebung durch die Autorin)

Tagelang ging O'Brien zu Fuß durch die 1,5-Millionen-Stadt, ohne einen Anhaltspunkt, wo der Nader Ali finden konnte; es gab nur wenige Straßenschilder, aber er hätte ohnehin nicht gewusst, wonach er suchen sollte. Er wusste noch nicht einmal, ob der Mann, den er suchte, überhaupt noch am Leben war. Doch durch eine Verbindung hier und eine Erinnerung dort wurde seine Hartnäckigkeit schließlich belohnt; er fand Nader Ali. Lebendig. Überrascht. Toni hatte alles aufs Spiel gesetzt, war um den halben Globus gereist, um diese zwei Worte auszusprechen, die einfach gesagt werden mussten: „Vielen Dank!"

Man wird wohl in keinem gewöhnlichen Supermarktregal zwischen Süßigkeiten und Schreibmaterial eine Dankeskarte finden, die passend für solch eine Geschichte des Opfers wäre. Aber auf den Nebenstraßen des realen Lebens muss ein dankbares Herz sich stattdessen auch einmal Schwert und Schild greifen sowie den allergrößten Mut, um sich einem Kampf zu stellen.

In diesem Buch haben wir das Thema „Dankbarkeit" von allen möglichen Seiten betrachtet – was Dankbarkeit ist, was sie nicht ist, was Dankbarkeit bedeutet. Aber wenn man über christliche Dankbarkeit spricht, muss man ehrlicherweise und geradeheraus auch über die damit verbundenen Kosten sprechen. Und darüber, wie sie überleben kann und nicht verloren geht – auch nicht inmitten von größtem Leid, Verlust und Not.

Weil er das Evangelium gepredigt hatte, verbrachte der ehemalige rumänische Pastor Richard Wurmbrand, Gründer der *Hilfsaktion Märtyrerkirche* (Voice of the Martyrs), 14 Jahre im Gefängnis. Obwohl seine Entführer vier seiner Wirbel zertrümmert und mindestens 18 Löcher in seinen Körper eingebrannt hatten, schafften sie es nicht, seinen Willen oder seinen Geist zu brechen. „Jeden Abend tanzte ich vor Freude alleine in meiner Zelle", berichtete er, „frierend, hungrig und in Lumpen gekleidet."[3]

Im 19. Jahrhundert litt Charles Spurgeon – der britische Prediger und Autor – chronisch unter Gicht und Rheuma. Öffentlich wurde er verleumdet und lächerlich gemacht, überdies litt er manchmal unter schwersten Depressionen. Dennoch hatte er gelernt, für solche Hindernisse dankbar zu sein, anstatt sich darüber zu beklagen oder davon ablenken zu lassen. Einmal sagte er in einer Predigt:

> *Ich denke, unsere Gesundheit ist das größte Geschenk, das Gott uns machen kann, dennoch ist Krankheit das weitaus größere. Wenn ich könnte, würde ich alles darum geben, gesünder zu sein. Müsste ich allerdings mein Leben noch einmal von vorne beginnen, würde ich es niemals ohne meine vielen Krankenlager und bitteren Schmerzen und nicht ohne diese ermüdenden und schlaflosen Nächte führen wollen. Ja, durch Schmerzen kann Segen entstehen, wenn wir dadurch anderen Menschen dienen und helfen können."*[4] (Hervorhebung durch die Autorin)

Der schottische Prediger George Matheson (1842–1906) verlor ohne ersichtlichen Grund als Jugendlicher nach und nach sein Augenlicht. Im Alter von 20 Jahren war er vollständig erblindet, woraufhin seine Braut die Verlobung auflöste. Viele Monate kämpfte er mit einem gebrochenen Herzen und unbeantworteten Fragen. Diese Erfahrung stürzte ihn fast in Verzweiflung, und er war versucht, den Dienst als Prediger an den Nagel zu hängen. Schließlich kam er jedoch an den Punkt, an dem er sagen konnte:

> *Mein Gott, ich habe dir niemals für meinen Dorn gedankt. Tausende Male habe ich dir Danke für meine Rosen gesagt, aber nicht ein einziges Mal für meinen Dorn. Zeige mir die Herrlichkeit des Kreuzes, das ich zu tragen habe; lehre mich den Wert meiner Dornen. Zeige mir, dass ich auf meinem Leidensweg dir näher gekommen bin. Zeige mir die Tränen, die sich in einen Regenbogen verwandelt haben.*

Hiob, ein Mann aus dem Alten Testament, musste kurz hintereinander infolge von Plünderungen, Blitzeinschlägen und Stürmen mehrere Tragödien erleben: Seine Herden wurden gestohlen und sein Grundstück wurde zerstört. Das Schlimmste allerdings war, dass seine sieben Söhne und seine drei Töchter allesamt bei einem Unfall ums Leben kamen. Als Hiob von diesem großen Verlust erfuhr, rasierte er sich seinen Kopf kahl und zerriss seine Kleidung. Es schien, als wollte er die Erinnerung auslöschen und die Nachrichten vergessen, so als wäre alles nur ein grausamer Scherz. Aber als ein Mann, der sein Herz immer auf Gott ausgerichtet hatte, konnte er sich nicht einfach so niederwerfen und auf den Tod warten. Stattdessen fiel er auf die Erde und betete Gott an. „Der Herr hat gegeben, und der Herr hat genommen; der Name des Herrn sei gepriesen" (Hiob 1,21).

Jedoch ist die Fähigkeit, mit Glauben und Dankbarkeit auf Katastrophen zu reagieren, nicht allein „geistlichen Superhelden" und biblischen Idolen vorbehalten. Neben einer Joni Eareckson Tada oder einer Corrie ten Boom gibt es unzählige andere Menschen, deren Namen und Geschichten wir niemals gehört haben. Auch sie müssen das Schlimmste aushalten, was das Leben zu bieten hat, und trotz alledem bewahren sie sich eine dankbare Haltung. Sie sind nicht ohne Angst, ohne Emotionen und funktionieren nicht wie Roboter, sondern sie suchen Hoffnung und Verheißung. Sie scheinen zu wissen, dass alles nur noch schlimmer wäre, wenn sie jede Situation ohne Dankbarkeit durchleben müssten.

Die Fähigkeit, mit Glauben und Dankbarkeit auf Katastrophen zu reagieren, ist nicht jenen „geistlichen Superhelden" und biblischen Idolen vorbehalten.

Durch E-Mails und Briefe erfahre ich immer wieder von solchen mutigen Menschen.

Sie erzählen ihre Familiengeschichten, berichten von Missbrauch und Verachtung, von kaputter Kindheit und Sorgerechtsstreitigkeiten. Aber wenn sie zurückschauen und die Kosten überschlagen, können sie mit Dankbarkeit erkennen, was Gott letztendlich für sie getan hat.

Aufgrund von Buße und Vergebung dürfen sie wieder aufleben, selbst nach vielen verlorenen Jahren der Rebellion, des Betruges, der Gleichgültigkeit und der Folgen ihrer falschen Entscheidungen in spannungsgeladenen Beziehungen sowie riesiger Enttäuschungen. Obwohl viele Dinge noch zu lösen und zu regeln sind, sind sie dankbar für das, was Gott tut.

Eine Frau, die von ihrem Mann verlassen wird und allein mit dem Verlust ihres Sicherheitsgefühls sowie mit dem Stigma einer allein erziehenden Mutter zurückbleibt, ist dennoch dankbar für die Kraft, die sie tagtäglich von Gott bekommt, und für den Segen, dass wahre Liebe nur bei Gott zu finden ist.

Ich muss an meine lieben Freunde Charles und Joann Archer denken, die viele Jahre treu und ergeben in unserem Werk mitwirkten. Im Sommer 2006 wurde ihr Leben aus der Bahn geworfen, als Joann die Diagnose ALS gestellt bekam. Viel zu schnell schwanden Joanns Kräfte und Fähigkeit, zu sprechen, alleine zu essen sowie in das und aus dem Bett zu steigen. In der Woche, in der ich dieses Buch fertiggestellt habe, erlöste der Herr sie schließlich aus dem Gefängnis ihres Körpers und holte sie nach Hause in den Himmel. Trotz dieser schwierigen Situation schickte Charles immer wieder E-Mails, in welchen er Freunde und Mitarbeiter über Joanns aktuellen Gesundheitsstand informierte sowie besondere Gebetsanliegen mitteilte. Angesichts der wenigen positiven Einzelheiten in diesen E-Mails war ich beeindruckt, dass Charles oft mit den Worten „In Dankbarkeit, Charles" endete.

Nun, es ist nicht gesagt, dass das Leben immer einfacher wird. Nächte können schier endlos sein, bis man vor Erschöpfung für ein paar Stunden Schlaf findet. Aber diejenigen, die selbst in auswegloser Not, unbegreiflichem Verlust und Kummer Nein zur Verzweiflung und Ja zur Dankbarkeit sagen, werden tatsächlich „überleben". Sie kämpfen gegen die Flut von Erinnerungen, Bedrohungen, Verlust und Traurigkeit an und reagieren entsprechend darauf.

Mit Dankbarkeit.

Ein Anwalt aus dem mittleren Westen reiste kurz nach dem Hurrikan Katrina nach Houston, um seine

Mutter zu besuchen. Da er früher ankam als gedacht, beschloss er dorthin zu fahren, wo der größte Schaden entstanden war, um zu sehen, wo er helfen konnte. Seine Freunde und Mitarbeiter, die von seinem Vorhaben wussten, hatten einige Tausend Dollar gesammelt, die dieser Anwalt Opfern, die er traf, als Spende zukommen lassen konnte.

Wie praktisch alle, die durch die Trümmer des Hurrikans gingen, erwartete er, habgierige und ärgerliche Menschen zu treffen, die wütend auf der Straße miteinander kämpften und randalierten. Als er auf dem Weg zum *Astrodome* war, wo Tausende von Menschen vorübergehend untergekommen waren, fand er stattdessen Ruhe und Hilfsbereitschaft sowie praktische Nächstenliebe und Anteilnahme vor. Selbst bei denen, die ihr Heim und ihren gesamten Besitz verloren hatten, konnte er ein erstaunliches Maß an Dankbarkeit entdecken.

Als er eine Familie traf, die mehrere Nächte auf harten Stühlen in den Gängen dieses verwandelten Zufluchtsortes verbracht hatte, sagte er mitfühlend: „Das alles muss schrecklich für Sie sein!" Die erstaunliche Antwort der Ehefrau und Mutter war: „Nein, nicht wirklich." Sie hatten zu vieles, für das sie dankbar sein konnten, um sich beschweren zu können. Sie hatten ein Dach über dem Kopf, genug Essen, funktionierende Lampen und sie hatten einander. Nicht jede Familie hatte so viel Glück gehabt.

Andere Menschen erzählten dem Mann von mutigen Opfern, von Rettungen, die menschlich gesehen unmöglich gewesen waren; von einer scheinbaren Hoffnungslosigkeit, bis jemand gekommen war und sie durch das hüft- und brusthohe Hochwasser getragen hatte.

Sie wussten nicht, was sie als Nächstes tun sollten, sie wussten nur, dass sie dankbar sein konnten. Dankbar, einfach dort zu sein.

Ein älterer Mann, der ungefähr 20 Verwandte gerettet hatte, indem er sie auf Luftmatratzen aus der Gefahr herausgebracht hatte und der nun deren restlichen eingesammelten Besitz in einer Plastiktüte unter seiner behelfsmäßigen Pritsche aufbewahrte, weigerte sich, mehr als zwei Geldgeschenkkarten des Anwaltes für seine fünf Kinder und deren Familien zu nehmen, denn er meinte, andere hätten Hilfe genauso nötig.

Das ist mal ein Beispiel in Sachen Dankbarkeit. In diesen sicherlich harten und beunruhigenden Zeiten ihres Lebens fanden Menschen, die wirklich alles verloren hatten, ein erstaunliches Maß an Trost, eine gottgegebene Perspektive für Dankbarkeit.

Ähnliche Geschichten konnte man nach den Waldbränden in Südkalifornien im Sommer 2007 hören. Tausende Quadratkilometer waren verbrannt, eine halbe Million Menschen waren evakuiert worden und mehr als 2000 Häuser waren den Flammen zum Opfer gefallen. Dennoch fanden viele Menschen, die ihre Geschichten und Erlebnisse erzählten, Worte des Dankes.

Aus einem Haufen Asche, der einmal ein Haus gewesen war, ragte ein Stock mit einem Schild heraus, auf dem handschriftlich geschrieben stand: „Endlich! Keine Termiten mehr!“

Als er von einem Gottesdienstes in Rancho Bernardo berichtete, bei dem ca. 60 Familien, die ihr Heim verloren hatten, zusammengekommen waren, um sich gegenseitig zu trösten und Gott zu loben, sagte ein Reporter: „Sie dankten Gott für die großen Dinge: für die Rettung von Menschen, für Familie, für Freundschaften. Aber sie dankten ebenso für die kleinen Dinge: für eine Umarmung, eine Schulter zum Weinen."

Eine Frau, deren Haus dem Feuer zum Opfer fiel, konnte nur noch drei Schachteln mit Fotos sowie die Kuckucksuhr des Großvaters retten, bevor sie vor dem Feuersturm fliehen musste. Aber am Samstag vor dem sonntäglichen Gottesdienst hatte die Frau noch einmal die Gelegenheit, in der Asche ihres Hauses zu suchen. Darin fand sie die Sonnenuhr, die sie einmal von ihrem Mann geschenkt bekommen hatte. Folgendes war darauf eingraviert worden: „Werde mit mir zusammen alt. Das Beste kommt noch!"

„Das sagt alles, oder?", sinnierte sie. „Es gibt so vieles, für das wir dankbar sein können."

Egal, was es kostet.

Dank in Kriegen

Im 17. Jahrhundert, während des 30-jährigen Krieges, diente der protestantische Theologe Martin Rinckart als Pfarrer in seiner Heimatstadt Eilenburg. Da Eilenburg von einer Stadtmauer umgeben war, suchten bald zahlreiche Flüchtlinge und verletzte Soldaten Zuflucht in der Stadt, was nicht nur zu Angst und Überfüllung führte, sondern auch eine tödliche Welle von Krankheiten und Pest mit sich brachte. Armeen umzingelten diese befestigte Stadt, verhinderten so die Zufuhr von Nahrung und Verpflegung und überließen die Menschen ihrem Hunger und ihren Nöten. Das Haus der Rinckarts wurde zu einer Zufluchtsstätte für viele kranke und gestrandete Menschen. Obwohl Martin kaum genug zu essen für seine Familie hatte, diente er unermüdlich den Bedürftigen um ihn herum und versuchte, die Not mit Gottes Fürsorge und Barmherzigkeit auszugleichen.

Während andere Pastoren flohen, um sich in Sicherheit zu bringen, blieb Martin und führte in jenem Jahr mehr als 4.500 Bestattungen durch; es kam sogar vor, dass 40 bis 50 Menschen auf einmal beigesetzt wurden.

Eine der Personen, die er bestatten musste, war seine eigene Frau.

Inmitten dieser schrecklichen und entmutigenden Umstände verfasste Martin ein Familiendankgebet, das er vor den Mahlzeiten von seinen Kindern aufsagen ließ. Dieses Gebet wird auch heute noch in ganz Deutschland gesungen:

Nun danket alle Gott
mit Herzen, Mund und Händen,
der große Dinge tut
an uns und allen Enden,
der uns von Mutterleib
und Kindesbeinen an
unzählig viel zu gut
bis hierher hat getan.

Diese Worte scheinen passend zu sein, wenn wir sie in einem angenehmen Umfeld, zum Beispiel am Erntedanktag in der Kirche oder Gemeinde singen. Wir können den Braten im Ofen und das warme Brot auf dem Tisch riechen. Wir hören die Stimmen von Verwandten, die wir vielleicht vor Monaten oder im vergangenen Jahr zum letzten Mal gesehen haben, wir sitzen zusammen am Tisch und freuen uns über die Gemeinschaft und den Austausch miteinander.

Aber wir sollten uns bewusst machen: Dieser fröhliche Refrain entstand nicht am Esstisch beim Erntedankfestessen oder in der gemütlichen kleinen Hütte auf dem Land. Dieses Lied entstand inmitten von Schmerzen, Leid, Trauer und Tod. Es war ein Opfer des Dankes.

Dr. Helen Roseveare war eine Missionsärztin, die in den Jahren 1950 bis 1960 im Kongo diente und jahrelang gegen Angst, Entmutigung und Gefühle des Unwürdigseins kämpfte, und das inmitten größter politischer Spannungen in dieser Region Zentralafrikas, wo Rebellen eine ständige Bedrohung für die Arbeit und Sicherheit ihres Teams waren.

Im August 1964 wurden diese Sorgen zur Realität, denn Gerüchte verbreiteten sich, dass der Häuptling entführt und lebendig gehäutet worden war – nicht nur das, sondern er sollte sogar noch von Kannibalen verspeist worden sein.[5] Dann kam jene Nacht, in welcher Helen und die anderen Missionarinnen, die noch nicht aufs Land geflüchtet waren, von Guerilla-Soldaten unter vorgehaltener Waffe gefesselt wurden. Die Soldaten besetzten das Krankenhausgelände für fünf Monate. Die Frauen wurden von ihnen brutal geschlagen, gedemütigt und vergewaltigt.

Niemals hatte sie jene erste dunkle Nacht vergessen: „Ich fühlte mich schrecklich allein gelassen. Einen kurzen Moment lang glaubte ich, Gott hätte mich vergessen. Er hätte eingreifen und diese Gewalt und Grausamkeit verhindern können. Er hätte mich aus den Händen dieser Menschen befreien können. Warum hatte er geschwiegen? Warum hatte er es nicht verhindert?"[6]

Jedoch, als sie inmitten dieses schrecklichen Geschehens zum Herrn schrie, war es, als würde er zu ihr sagen: „Helen, kannst du mir danken?" Sie war sich bewusst, dass Gott nicht von ihr verlangte, ihm für das Böse zu danken, aber die Frage, die sie in ihrem Herzen hörte, war: „Kannst du mir danken, dass ich dir diese Erfahrung zutraue, auch wenn ich dir niemals den Grund dafür nennen werde?"[7]

Für ein Danke zahlt man manchmal wirklich einen hohen Preis.

Dieser Preis kann sehr unterschiedlich aussehen und je nach Lebensumständen höher oder niedriger ausfallen. Jedoch leben wir alle in einer gefallenen und zerbrochenen Welt und jede Zeit hat ihren gewissen Teil an Anfechtungen und Prüfungen. Wie es Elisabeth Elliot einmal ausdrückte, „kann das von einem Verkehrsstau über einen Tumor bis hin zum Grab reichen".[8] Möglicherweise fühlen Sie sich jetzt gerade einer Prüfung ausgesetzt. Vielleicht hat sie nicht gerade das Ausmaß wie das, was Martin Rinckart oder Helen Roseveare erdulden mussten. Trotzdem ist es für Sie nicht einfach, Gott in Ihrer Situation zu danken, und genau das zu tun kommt einem Opfer gleich.

Vielleicht wurden Sie bei einer neuen Stelle übergangen, für die Sie sich qualifiziert hielten. Diesen Job wollten Sie unbedingt haben, denn er wäre auch mit einer Gehaltserhöhung verbunden gewesen, die Sie wirklich gebraucht hätten. Nun müssen Sie weiter jeden Morgen aufstehen und denselben alten Job machen. Sie sind weiter von Menschen umgeben, die genau wissen, dass Sie sich vergeblich für diese bessere Stelle beworben haben ... und dafür sollen Sie nun auch noch danken?

Eines Morgens beim Aussteigen aus dem Auto sind Sie ausgerutscht und hingefallen. Dabei haben Sie sich einen Bänderriss zugezogen und müssen nun drei Wochen mit Krücken herumhumpeln. Das ist das Letzte, was Ihnen jetzt noch gefehlt hat. Sie hatten ohnehin schon genug am Hals, für das Sie verantwortlich waren. Hatte das nicht gereicht? Nun müssen Sie noch Aufgaben abgeben, die Sie gerne übernommen hätten, und damit Menschen enttäuschen, denen Sie etwas zugesagt hatten ... und dafür auch noch danken?

> Die Frage, die sie in ihrem Herzen hörte, war: „Kannst du mir danken, dass ich dir dieses Erlebnis zutraue, auch wenn ich dir niemals den Grund dafür nennen werde?"

In letzter Zeit kam alles zusammen: der Antriebsriemen am Auto und plötzlich ist ein Wasserfleck an der Decke. Nach einigen Kostenvoranschlägen wird klar: Das Dach muss erneuert werden, und das wird Tausende von Euros kosten. Sie hatten gerade etwas Geld übrig, das Sie zur Seite legen wollten, um für den Urlaub zu sparen. Nun müssen Sie es für Auto- und Dachreparaturen ausgeben ... und dafür sollten Sie dankbar sein?

Ich erinnere mich an eine Zeit in meinem Leben, als ich über einen persönlichen Verlust tief enttäuscht war. Ungefähr 18 Monate gab ich mich meinem Ärger und Selbstmitleid hin. Zweifel und Verwirrung vernebelten meinen Verstand und meine Gefühle; dieser Nebelschleier legte sich immer schwerer auf mich, was dazu führte, dass ich kaum noch (oder fast nicht mehr) wusste, an welche Wahrheiten ich glauben sollte, Wahrheiten, die ich immer für selbstverständlich gehalten und zu denen ich gestanden hatte.

In meinem Herzen wusste ich, ich brauchte nur Gottes souveräne Entscheidung zu akzeptieren und um seine Gnade zu flehen, und er würde treu sein und mich wieder auf- und neu ausrichten. Stattdessen aber pflegte ich meine Wunden und bestand weiterhin auf meinem Recht, im Selbstmitleid zu baden.

Da ich mich geweigert hatte, „Dankopfer zu bringen" (Psalm 116,17), bin ich heute davon überzeugt, dass ich viele kostbare und wertvolle Augenblicke mit meinem Herrn versäumt habe, weil ich ihm nicht erlaubte, sich als derjenige zu erweisen, der stark genug ist, um meine Bedürfnisse mit seiner zärtlichen Liebe und Barmherzigkeit zu erfüllen.

Ich kann Ihnen jedoch sagen, wann und wo der Heilungsprozess einsetzte. Es war auf einem harten Holzboden in einer Hütte in North Carolina. Dort saß ich auf den Knien vor einem Schaukelstuhl, ich weinte und schrie schließlich heraus: „Herr, ich verstehe immer noch nicht, warum du das in meinem Leben zugelassen hast. Ich weiß auch nicht, ob ich es jemals verstehen werde. Aber ich weiß, dass du gut bist, und was immer du in meinem Leben zulässt, soll zu meinem Besten und zu deiner Verherrlichung dienen. Also beschließe ich nun im vollen Glauben, dir zu danken."

Mein Gefühl der Traurigkeit und des Verlustes verschwand nicht sofort. Aber als ich meine Wunden und meinen Willen ihm übergab und beschloss, ihm zu vertrauen und zu danken, erlebte ich, wie die seit Monaten niederdrückende Schwere wich. Gott begann, meinen Geist wieder aufzurichten, zu erneuern und zu beleben. Und damit begann ein Prozess, der meinen Verlust in etwas in geistlicher Hinsicht sehr Wertvolles verwandelte. Nach und nach.

Wenn ich heute über diese Zeit und diese besonderen Umstände nachdenke, dann erkenne ich, was Gott in meinem Leben daraus gemacht hat. Nach und nach. Jenen Verlust, gegen den ich mich so aufgelehnt hatte, nahm Gott, um damit großen Segen in mein Leben zu bringen.

Meine Umstände änderten sich nicht. Er veränderte *mich.*

Diese Heilung und diese Befreiung begannen damit, dass ich sagte: „Herr, ich bin bereit, dir in dieser Situation zu vertrauen, auch dann, wenn du mir niemals den Grund dafür nennen wirst.“ Nein, meine Umstände änderten sich nicht. Aber er veränderte *mich.*

Ewig werde ich Gott dafür dankbar sein.

Durch und durch dankbar

Erleben Sie momentan Umstände, die Sie alles andere als dankbar sein lassen? Sie versuchen, tapfer zu sein. Sie wollen das Richtige tun. Sie spüren, wie Freude und Lebenskraft aus Ihrem Geist schwinden. Aber dankbar zu sein für das, was Gott gerade in Ihrem Leben tut ...?

Es ist schwer. Unendlich schwer. Eigentlich scheint es unmöglich zu sein. Aus eigener Kraft ist es tatsächlich unmöglich!

Ich erinnere mich noch gut daran, wie ich vor vielen Jahren im Krankenhaus in Philadelphia am Bett meines Bruders David saß. Da lag er – mein jüngerer Bruder, immer so voller Leben und Leidenschaft; er war so eine Person, die jeder gern hatte, angefangen vom Hausmeister bis hin zum Schulleiter.

Er war das sechste von uns sieben Kindern – ich war die Älteste. Da das siebte Kind allerdings lange auf sich hatte warten lassen, war er viele Jahre das „Baby" der Familie. Ach ja, David, das „Baby" der Familie. Er musste immer gleich mehrmals an seine Hausaufgaben erinnert werden; ständig musste er angehalten werden, rechtzeitig (oder überhaupt) zur Schule zu gehen, und auch abends brauchte er eine deutliche Aufforderung, wenn es Zeit war, ins Bett zu gehen. (Oftmals war er damit beschäftigt, mit jemandem zu reden, der Ermutigung oder Hilfe irgendwelcher Art brauchte.) Er war immer glücklich, hatte selten einmal Sorgen, aber dafür ein Herz, das sehr weit war – ein Herz, das leidenschaftlich für Gott und seine Mitmenschen schlug.

David hatte gerade sein erstes Semester an der *Liberty University* hinter sich gebracht. Er glaubte, dass der Herr ihn eines Tages in die Mission senden wollte. Er wäre in der Tat ein wunderbarer Missionar geworden. Wahrscheinlich hätte er sich nie dahintergeklemmt, eine fremde Sprache zu erlernen, aber die Menschen hätten ihn geliebt und er hätte sie zu Jesus hingeliebt!

Es war eines Tages im Mai 1986, als ich aus einer Konferenz herausgerufen wurde und man mir die erschütternde Nachricht überbrachte, David sei in einen schweren Verkehrsunfall verwickelt worden und er würde die

Folgen wahrscheinlich nicht überleben. Wir alle sollten sofort nach Hause kommen.

Wir trafen uns später an jenem Tag alle in seinem Krankenzimmer auf der Intensivstation im *University of Pennsylvania Hospital.* Mittlerweile war er juristisch, medizinisch und klinisch für hirntot erklärt worden. Hier lag er nun, dieser sportliche, kräftige junge Mann, an Kabel und Schläuche angeschlossen und sein Herz wurde nur durch ein Beatmungsgerät am Leben erhalten.

Die folgenden sieben Tage kamen uns wie eine Ewigkeit vor. Wenn Sie selbst so etwas schon einmal erleben mussten, wissen Sie, wovon ich rede.

Wir warteten. Wir trauerten. Wir beteten. Schließlich erhielten wir die Nachricht, dass sein Herz endgültig aufgehört hatte zu schlagen.

Als wir uns später zum letzten Mal um sein Krankenhausbett versammelten, öffnete einer der engsten Freunde unserer Familie seine Bibel und las aus 2. Samuel die Geschichte, in der David vom Tod seines Sohnes, den er mit Batseba gezeugt hatte, erfuhr. Zuerst hatten sich Davids Berater gefürchtet, ihm die Nachricht zu überbringen, denn sie dachten, David würde daran verzweifeln. Dieser konnte sich jedoch, nachdem er ihr Flüstern und Verhalten bemerkt hatte, denken, dass das Schlimmste eingetreten war. Aber David tat genau das Gegenteil von dem, was seine Berater erwartet hatten. Er „stand [...] von der Erde auf und wusch sich und salbte sich und wechselte seine Kleider und ging ins Haus des HERRN und warf sich vor ihm nieder“ (2. Samuel 12,20).

Unser lieber Freund schloss seine Bibel und sagte uns: „Unser David ist jetzt tot. Nun ist es an uns, aufzustehen und anzubeten.“ Und das taten wir auch. Nicht weil uns danach zumute war, auch nicht, weil es leicht war. Wir gaben Opfer des Dankes. Ein Opfer des Glaubens. Ein Opfer, das ihm gebührt.

Unsere Herzen schmerzten, als wir es versuchten.

Was wir aber damit ausdrücken wollten, war Folgendes: „Herr, du gibst uns nicht das Recht zu verstehen, warum du dieses junge Leben, das dir so treu ergeben war, genommen hast, und wahrscheinlich werden wir, solange wir auf dieser Erde leben, auch nie deine Logik begreifen. Aber, Herr, wir vertrauen dir. Wir wissen, dass du keine Fehler machst. Dennoch – selbst in unserer Trauer um den Verlust unseres Sohnes, Bruders und Freundes – ist es unser aufrichtiger Wunsch, dass du verherrlicht wirst.“ Und das geschah tatsächlich.

Sie und ich können uns heute entscheiden: Wollen wir Gott nur dann verherrlichen, wenn es in unserem Leben so läuft, wie wir es wollen? Oder beten wir ihn an, vertrauen und danken wir ihm, ganz einfach weil er Gott ist – unabhängig von den dunklen, schmerzhaften und unbegreiflichen Orten, an die unsere Reise uns führt?

Sehen Sie, es ist so oder so ein Opfer. Wenn wir weiterhin ohne Dankbarkeit leben – d. h. uns für Bitterkeit entscheiden und unser Schicksal beklagen –, zwingt uns dies dazu, weiter in unglücklichen Umständen zu leben mit der zusätzlichen Last unserer depressiven Haltung. Wir opfern unseren Frieden, wenn wir nicht bereit sind, an die Segnungen, die Kraft und die Empfindsamkeit zu denken, die Gott am besten in Schwierigkeiten und Verlust in uns wachsen lässt. Wir opfern Zufriedenheit. Wir opfern Beziehungen – und Freiheit und Gnade und Freude.

Was wäre aber, wenn wir alle diese Dinge beibehalten und dem sogar noch etwas hinzufügen könnten, etwas, das über das bisher Erlebte hinausgeht? Was wäre, wenn wir nur *ein* Opfer dafür bringen müssten? Ein Opfer des Dankes?

Im Laufe der Zeit habe ich gelernt, dass, unabhängig von meinen Gefühlen, alles ein Segen ist, was mich dazu bringt, Gott wirklich zu brauchen (im wahrsten Sinne des Wortes). Sei es Enttäuschung. Seien es körperliche Einschränkungen. Seien es psychische oder daraus resultierende Belastungen.

> **Alles, was mich dazu bringt, Gott wirklich zu brauchen, ist ein Segen (im wahrsten Sinn des Wortes).**

Und wenn Sie nun schon Ihre momentane Situation durchleben müssen (wenn Gott sich nicht entscheiden sollte, sie auf wundersame Weise zu erleichtern, was er natürlich jederzeit tun könnte und worum Sie ihn auch jederzeit bitten dürfen), warum wollen Sie sie noch verschlimmern, indem Sie sich von seiner Gnade und Gemeinschaft zurückziehen und ein Leben am unteren Limit führen, ohne Gott um Hilfe zu bitten? Warum wollen Sie nicht einmal sehen, was geschieht, wenn der Schmerz Sie näher zu Gott bringt?

Ja, in allen Dingen dankbar zu sein, mag Opfer erfordern. Nein, Ihre Situation mag sich nicht ändern, vielleicht noch nicht einmal ein kleines bisschen. Aber nur dann werden Sie in der Lage sein, alles das zu erleben, was Gott für Sie im Laufe dieses schwierigen Lebens vorgesehen hat.

Und – hinter dem Silberstreif am Horizont, den Sie im Moment vielleicht nur erahnen können – wird Gottes

Herrlichkeit und Gnade noch klarer zu sehen sein, weil Sie bereit sind, mit dem Psalmisten zu sagen: „Den Herrn will ich preisen allezeit, beständig soll sein Lob in meinem Munde sein“ (Psalm 34,2). Das ist die Verheißung der Dankbarkeit.

Wenn Sie dieses Buch mit seinen kleinen Geschichten gelesen haben und zustimmend sagen: „Das war ein tolles Buch!“, aber Ihr Leben weiterleben wie bisher, dann habe ich es umsonst geschrieben. Meine Absicht ist, Sie – und mich – aufzufordern, Ihre Art des Denkens und Lebens, Ihre Ansichten radikal zu ändern und Gottes Gnade zu erwidern.

Anmerkungen

1 Priscilla Maurice, *Sickness, Its Trials and Blessings*, S. 246, Thomas N. Stanford, New York, 1856).

2 *Life* Magazine, August 1992, 34. 37.

3 Richard Wurmbrand, *In God's Underground*, S. 56, Living Sacrifice Book Company, Bartlesville, 1968, 2004.

4 Charles H. Spurgeon, *Metropolitan Tabernacle Pulpit*, „Our Compassionate High Priest“, http://www.spurgeon.org/sermon/2251.htm.

5 *Glimpses of Christian History*, „Congo Rebels Reached Helen Roseveare“, 15. August 1964, http://christianhistorytimeline.com/DAILYF/2002/08/daily-08-15-2002.shtml.

[6] Helen Roseveare, *Living Sacrifice*, S. 20-21, Bethany House, Minneapolis, 1979.

[7] Helen Roseveare, *Digging Ditches*, S. 76-77, Christian Focus, Geanies House, Fearn, Ross-shire, Scotland, 2005.

[8] Elisabeth Elliot, *Suffering Is Not for Nothing*, Band 2, Video Serien, Ligonier Ministries, Orlando, 1989.

Kapitel 9
Auf dem Weg zur Dankbarkeit

Dankbarkeit resultiert aus der Aufmerksamkeit in Bezug auf Einzelheiten unseres Zustandes und auf die von Gott empfangenen, zahlreichen Segnungen ... Dadurch wird unser gesamtes Leben ... voll von Freude, Heiterkeit und Frieden sein – und das ist etwas, das nur ein dankbares Herz zu erkennen vermag.

H. E. Manning[1]

Ein Ungar ging eines Tages zu seinem Rabbi und beschwerte sich: „Das Leben ist nicht auszuhalten. Wir wohnen zu neunt in einem einzigen Zimmer. Was kann ich nur tun?"

Ohne zu zögern antwortete der Rabbi: „Nimm deine Ziege mit in dein Zimmer."

Der Mann schaute ihn verständnislos an, als hätte er nicht richtig gehört. „Doch, tu was ich dir sage", beharrte der Rabbi, „dann komme in einer Woche wieder zu mir."

Nach sieben Tagen kam der Mann zurück. Er sah noch bekümmerter aus als zuvor. „Wir halten es nicht mehr aus!", sagte er zu dem Rabbi. „Die Ziege stinkt!"

Der Rabbi riet ihm: „Dann geh nach Hause und lass die Ziege wieder heraus. Komme nächste Woche noch einmal zurück."

Nach einer Woche kehrte der Ungar wieder strahlend zum Rabbi zurück.

„Und wie geht es dir jetzt?", fragte der Rabbi.

„Das Leben ist herrlich", antwortete der Mann. „Wir genießen jede Minute, nun, wo die Ziege nicht mehr da ist und nur noch wir neun im Zimmer sind."

Es ist also alles eine Frage der Perspektive.

Es ist eine Sache der Einstellung.

Heutzutage beschreibt ein Modewort den Vorgang einer Änderung bzw. das Überwinden von bestimmten langjährigen, angewöhnten Verhaltensmustern. Es heißt „Verhaltensmodifikation". Das ist ein ausgefallenes Wort, das bedeutet, dass ein verändertes Verhalten damit beginnt, sein Denken auf etwas Neues auszurichten. Der Weg zur persönlichen Veränderung beginnt mit der Korrektur der eigenen Perspektive.

Für alle diejenigen, denen manchmal die Dankbarkeit fehlt (und es geht uns wohl allen hin und wieder so), würde ich gerne ein neues Wort prägen.

Ich nenne es „Dankbarkeitsmodifikation".

Damit möchte ich Sie ermutigen, ein erfülltes Leben in der Gemeinschaft mit Gott zu leben, ohne dabei verkrampft und gehemmt zu sein und ihn auf Distanz zu halten, und ihn stattdessen voll und ganz zu erleben. Damit Sie sich in seiner Gegenwart zu Hause fühlen.

Ich möchte nicht, dass Sie durch die unausweichlichen Tragödien des Lebens zerstört werden – von jenen scharfen Pfeilen der unfairen und unangenehmen Umstände, ständig in Angst, dass Sie wie eine lebende Zielscheibe immer wieder getroffen werden könnten. Ich wünsche mir, dass Sie die gottgegebenen Reserven anzapfen, um inmitten verwirrender und verdammender Angriffe des Feindes bestehen zu können. Ich möchte, dass Sie durch die Kraft Gottes hoch erhobenen Hauptes durchs Leben gehen können, selbst wenn alles in Ihnen nach Rückzug schreit und Sie sich am liebsten eine Woche lang bei zugezogenen Gardinen in Ihr Bett verkriechen würden.

Mein Wunsch ist es, dass Ihre Geschichte in Gottes Geschichte der Gnade umgeschrieben wird; in eine Geschichte, die er gebrauchen kann, um seine Hoffnung und Heilung denen zu bringen, die den gleichen Weg zu gehen haben wie Sie. Ich würde mir wünschen, dass Sie bereit sind, sich von Gottes Geist führen zu lassen, dass Sie sensibel für die Bedürfnisse Ihrer Mitmenschen werden, damit Gott die Dinge, mit denen Satan Böses beabsichtigt hatte, nehmen und sie in etwas Wertvolles verwandeln kann.

Niemand erwartet von Ihnen, sich übermenschlich zu verhalten. Ganz gewiss sollen Sie auch nicht glauben, dass Sie so tun müssen, als würde es keine ernsthaften Schwierigkeiten geben; ganz nach dem Motto: Wenn man sie totschweigt, existieren sie nicht. Die Verluste, Probleme und Ungerechtigkeiten, die Sie ertragen müssen oder mussten, sind real. Sie sind da, unabhängig davon, ob Sie sie anerkennen oder nicht. Aber eines ist genauso sicher: Sie kommen nicht an Gottes größeren Plan und seine Absichten ran. Wenn er die Möglichkeit hat, seinen Willen in Ihnen auszuführen, kann er auch derjenige sein, der das „Übernatürliche“ in Ihre Antworten und Reaktionen hineinlegt.

Ja, in Sie.

Darum zählt es nicht, wer Sie sind, an welchem Punkt Sie einmal waren oder was Sie erlebt haben. Sie können zu einer Person werden, die sich durch ihre Dankbarkeit auszeichnet. Gott kann das in Ihnen schaffen.

Sind Sie dafür bereit?

Veränderung ist gut

Zu Beginn des Buches habe ich bemerkt, dass Dankbarkeit oftmals als untergeordnete Notwendigkeit im Leben eines Christen gesehen wird. Dieser Sicht widerspreche ich voll und ganz. Doch viele, die zwar die Ansicht teilen, Dankbarkeit sei für das Wachstum eines Christen notwendig, sind andererseits der Meinung, es sei nur eine mentale Übung. Vorwiegend geistlich. Eher abgehoben und nicht so ohne Weiteres umzusetzen. Deshalb fühle ich mich verpflichtet, deutlich zu machen, dass der Ausdruck echter Dankbarkeit gewisse Entscheidungen mit sich bringt, die so praktisch sein können wie das Stellen einer Uhr, der Wechsel Ihres Staubsaugerbeutels oder das allabendliche Abschließen Ihrer Haustür. Es ist etwas, das nur dann geschieht, wenn Sie es wirklich wollen. Und langfristig gesehen, wird es Ihnen jede Menge Ärger ersparen.

Es ist harte Arbeit. Aber sie macht sich bezahlt.

Und wenn wir Dankbarkeit ausleben, werden wir damit Christus immer ähnlicher sein.

Damit wir also nun „in die Dankbarkeit hineinwachsen", möchte ich Ihnen einige konkrete Ratschläge geben, sodass wir gemeinsam in diese Richtung losmarschieren – und hoffentlich nie wieder umkehren.

Übergeben Sie Gott Ihre Rechte!

Vor einigen Jahren hörte ich von dem verstorbenen Bibellehrer Russell Kelfer, der das unten stehende herausfordernde Gelübde empfahl. Er meinte, es sei eine gute Idee, dieses Versprechen aufzuschreiben, zu unterzeichnen und es sich zur Gewohnheit zu machen, es regelmäßig durchzulesen. Es lautet wie folgt:

> *Da ich in Gottes Reich hineingeboren wurde, bestätige ich hiermit, dass mit der Übergabe meines Lebens an Gott auch alle meine Rechte an ihn übergehen und er auf ewig die Kontrolle über dieses Leben hat.*
>
> *Weiter erkenne ich an, dass er mir keine Garantie für ein schmerzfreies Leben gibt noch eine für Erfolg und Reichtum. Er gibt keine Garantie für vollkommene Gesundheit. Er gibt keine Garantie für fehlerlose Eltern. Er gibt keine Garantie für fehlerlose Kinder. Er gibt keine Garantie für ein Leben ohne Druck, Versuchungen, Missverständnisse oder Verfolgungen.*
>
> *Was er mir versprochen hat, ist das ewige Leben. Er hat mir ein überreiches Leben verheißen. Er hat mir Liebe, Freude, Frieden,*

Geduld, Sanftmut, Bescheidenheit und Selbstbeherrschung versprochen. Er hat sich mir ganz und gar gegeben im Gegenzug für die Rechte auf mein Leben.
Darum verspreche ich, dass ich ab heute auf alle meine Rechte und Ansprüche verzichte, und ich bitte ihn um seine Gnade, diese durch einen dankbaren Geist zu ersetzen, was auch immer er in seiner Weisheit für mein Leben als notwendig erachtet.[2]

________________ *(Unterschrift)*

Welch ein Unterschied wäre es, wenn wir morgens nicht nur mit einem Loblied für den Herrn aufwachten, ihn im Gebet und in seinem Wort suchten, sondern ihm auch frühmorgens die alleinigen Rechte für unser Leben gäben?!

Das hat er verdient. Das bereits zuvor erwähnte Model „Dankbarkeit für die Gnade unserer vergebenen Schuld“, mit dem wir uns beschäftigt haben, gründet sich nicht nur auf biblischer Lehre und Lebensstil, sie ist auch für unsere Freude unerlässlich. Da wir aufgrund Gottes unverdienter Gnade leben dürfen – wir aber leider selten von der Herrlichkeit seiner ewigen Verwandlung in uns umgehauen werden –, ist dies eigentlich unvereinbar mit einem überreichen Leben. Wenn wir als Kinder Gottes in dieser harten und erdrückenden Kultur wachsen, gedeihen und als „Himmelslichter in dieser Welt leuchten“ (vgl. Philipper 2,15) sollen, müssen wir uns als Trankopfer vor dem Herrn ausgießen lassen. Nur dann werden wir „das wirkliche Leben ergreifen“ (vgl. 1. Timotheus 6,19).

Es ist seine Angelegenheit, nicht unsere.

Es ist sein Haus, nicht unseres.

Es liegt nicht an uns, Ansprüche zu stellen. Es ist seine Sache.

Und wenn wir lernen, dafür dankbar zu sein, dürfen wir uns voll und ganz auf das einzige Sichere, das die Welt zu bieten hat, verlassen.

Dankbar dürfen wir ihm in allem vertrauen. Verändern Sie Ihr Leben hin zur Dankbarkeit.

Verpflichten Sie sich, eine Zeitspanne für Dankbarkeit festzulegen!

Leider wird man nicht automatisch dankbar, wenn man ein Buch über Dankbarkeit liest. Und undankbare Menschen werden nicht über Nacht zu dankbaren. Auch werden wir nicht dadurch dankbarer, dass wir darüber nachdenken, es zu sein, oder den Wunsch dazu haben. Genau wie jede andere Gabe ist eine dankbare Haltung durch Gottes Geist im Leben eines Gläubigen möglich, der bereit ist, seine fleischlichen Neigungen abzulegen und geistliche Werte zu trainieren. Das alles braucht Zeit, Anstrengung und konzentrierte Hingabe.

Wenn Sie bis hierher gelesen haben, bin ich zuversichtlich, dass Gott in Ihrem Herzen gewirkt hat und Sie motiviert sind, ehrlich ein dankbares Herz zu entwickeln. Wenn das der Fall ist, dann tun Sie bitte nicht das, wozu wir alle neigen, wenn Gott zu uns spricht, und haken Sie es einfach so ab. Wenn Sie das tun, erlauben Sie dem Feind, den Samen des Wortes zu rauben, der durch diese Seiten in Ihr Herz gesät wurde (vgl. Lukas 8,12).

Und machen Sie nicht den Fehler, zu glauben, dass eine halbherzige und fast gedankenlose Anstrengung reicht, um Sie dankbarer zu machen. Wenn Sie auf diesem Gebiet nicht alles daransetzen, ein tiefes Wurzelsystem zu kultivieren, wird jede Frucht, die auf diese Weise entsteht, nur eine kurze Lebensdauer haben.

Wenn Sie sich eine dauernde Veränderung im Blick auf Dankbarkeit ersehnen, dann möchte ich Sie ermutigen, eine bestimmte Zeit festzulegen, in der Sie sich auf diesen Prozess konzentrieren können. Legen Sie einen gewissen Zeitrahmen fest, markieren Sie ihn in Ihrem Kalender und erzählen Sie Ihrem Ehepartner oder einer anderen Person Ihres Vertrauens von Ihrem Vorhaben, diese Zeit zu mehr Dankbarkeit zu nutzen. (Vielleicht begleitet diese Person Sie ja auf Ihrer Reise.)

Wie können Sie beginnen? Vielleicht wollen Sie in dieser Zeit Ihren Bibelleseplan entsprechend ändern, eine Konkordanz verwenden oder eine biblische Liste mit passenden Bibelstellen zum Thema „Dankbarkeit" aufstellen, die Sie lesen und über die Sie nachdenken können.

Auch können Sie ein Tagebuch über Ihre physischen und geistlichen Segnungen führen. Schreiben Sie jeden Segen auf, den Sie erfahren haben und an den Sie sich erinnern. Sie werden staunen, wie lang die Liste wird.

Zu eben diesem Zweck schenkte mir eine Freundin einmal zum Geburtstag ein Tagebuch, auf dessen Umschlag die Worte „Zähle deine Segnungen" standen. Für jeden Tag gab es fünf leere Zeilen, die man beschriften konnte, um die schönen Dinge aufzuschreiben, die einem widerfahren waren. Wie lange dauert es schon, jeden Tag fünf Dinge aufzuschreiben?!

In jenem Jahr blieb ich eifrig dabei. Es war eine gesegnete Zeit der Dankbarkeit. Wenn heute mein Tank wieder ein bisschen leerer wird, schnappe ich mir mein Buch und lese nach, was ich in jenen Tagen aufgeschrieben habe. Seite für Seite. Wort für Wort. Jedes Mal, wenn ich mich so an seine Güte erinnere, habe ich wieder greifbare Dinge, für die ich Gott dankbar sein kann.

Schreiben Sie jeden Segen auf, den Sie erfahren haben und an den Sie sich erinnern. Sie werden staunen, wie lang die Liste wird.

Was für ein Geschenk der Anbetung und des Danks für den Herrn kann dies sein (ganz zu schweigen davon, wie gut es einem selbst tut) – sogar für Ihre Kinder und Enkelkinder oder für die, die Ihre Aufzeichnungen eventuell eines Tages lesen und ebenfalls dadurch ermutigt werden.

Am Ende dieses Buches finden Sie 30 Andachten, die Ihnen bei Ihrer Veränderung hin zu einer dankbaren Grundhaltung behilflich sein können. Sie sind dafür gedacht, Ihnen als Richtschnur zu dienen, wenn Sie sich einen Monat Zeit nehmen und Dankbarkeit zum Mittelpunkt Ihres Tages wird, zu einer Priorität in Ihrem Denken und Tun. Wenn Sie sich auf diese 30-tägige Herausforderung einlassen, bin ich zuversichtlich, dass Sie im nächsten Monat Ihr Leben mit anderen Augen sehen werden und Gott ein neues Werk der Gnade und der Dankbarkeit in Ihrem Herzen begonnen haben wird.

Machen Sie Inventur auf Ihrem „Dankbarkeits-Konto"!

Wem sollten Sie einmal danken? Wer von Ihren Mitmenschen könnte heute ein bisschen Ermutigung brauchen?

Ihr Ehemann oder Ihre Ehefrau? Ihre Kinder? Ihre Eltern?

Ihre Brüder und Schwestern? Ihre Tanten und Onkel? Ihre Nichten und Neffen?

Ihr Pastor? Ein Lehrer? Ein Kollege? Ihr Chef? Ihre beste Freundin? Ihr Hauskreisleiter? Ihre Gebetspartnerin?

Wie wär's mit Ihrem Nachbarn, der immer die Mülltonne für Sie an den Bürgersteig stellt, wenn Sie einige Tage verreist sind? Wie ist es mit Ihrem Automechaniker, der Ihren fahrbaren Untersatz immer gut in Schuss hält? Wie sieht's mit der älteren Schwester in Ihrer Gemeinde aus, der es immer wichtig war, mit Ihnen zu reden, als Sie heranwuchsen, und die sich immer noch freut, wenn sie Sie heute trifft?

Ganz sicher wird einmal der Tag der Beerdigung dieser Personen kommen – und wenn Sie es schaffen, werden Sie bestimmt auch hingehen. Sie werden sich ins Kondolenzbuch eintragen, ein Blumengebinde in der Hand, mit den Hinterbliebenen Erinnerungen und Geschichten austauschen und ihnen mitteilen, was der oder die Verstorbene Ihnen bedeutet hat. Aber wie viel schöner wäre es, wenn Sie zu Lebzeiten ihre Hand hielten, ihr freundschaftlich auf die Schulter klopften und das Leuchten ihrer Augen sähen, und wenn Sie ihr persönlich sagen würden, welche Bedeutung ihr Leben für Sie hat?

Eine meiner liebsten Geschichten zum Thema „Dankbarkeitskonto" handelt von einem Obdachlosen namens George, der in einem Zimmer des CVJM in Chicago zur Miete wohnte. Den Vormittag verbrachte er immer schlummernd auf einem Metallstuhl auf dem Polizeirevier, wo er schon fast zur Einrichtung gehörte.

Zwei der Polizeibeamten hatten einen Narren an dem alten Kerl gefressen, der die Sohlen seiner Schuhe mit einem Gummiring befestigte, damit sie nicht abfielen. Er hatte einen abgewetzten Mantel um sich gewickelt, der ihm allerdings wenig Schutz gegen den kalten Wind bot. Damit er zurechtkam, steckten ihm die Polizeibeamten manchmal ein paar Dollar zu, obwohl sie wussten, dass Billy, ein Grieche und Besitzer des nahegelegenen Grillstandes, es sich zur Gewohnheit gemacht hatte, George jeden Tag mit einem kostenlosen heißen und leckeren Frühstück zu versorgen.

Eines Jahres zu Weihnachten beschlossen die beiden Beamten und ihre Familien, George gemeinsam zum Abendessen einzuladen. Bei der Bescherung zogen sie einige Geschenke hervor, die für George bestimmt waren und die er auspacken sollte, genau wie der Rest der Familie.

Als sie ihn später am Abend wieder in sein Quartier zurückfahren wollten, bat George sie, doch bitte zuerst noch bei Billys Grillstand vorbeizufahren. Und tatsächlich: Es brannte noch Licht und Billy war noch da. Ungläubig beobachten die Beamten, wie George aus dem Wagen stieg, die Arme voller Geschenke, die er zuvor leise auf der Rückbank des Autos wieder eingepackt hatte, zu dem freundlichen kleinen Mann in der Imbissbude ging und sagte: „Billy, du warst immer so gut zu mir. Jetzt bin ich es zu dir. Frohe Weihnachten!" Und damit legte er jedes einzelne Geschenk in die Arme seines Freundes.[3]

Sie sollten darauf achten, dass Ihr Konto immer ausgeglichen ist. Kontrollieren Sie alle Einträge zweimal. Nehmen Sie sich reichlich Zeit für die Durchsicht Ihrer Bücher. Stellen Sie sicher, dass Sie niemandem etwas schuldig sind.

Auch kein Kleingeld!

Schreiben Sie Dankeskarten!

Auch wenn das Schreiben von Dankeskarten heute keine gängige Praxis mehr ist, reflektiert diese Freundlichkeit ein Herz der Demut; man nimmt sich schließlich die Zeit, einen Brief oder eine Karte zu schreiben, eine Briefmarke zu kaufen und die Adresse aufzuschreiben. Außerdem weckt man Freude, wenn Dankbarkeit so ausgedrückt wird. Freude bei dem Absender (also bei sich selbst) und Freude bei dem Empfänger.

Bestimmt haben Sie, wie ich, schon beide Seiten erlebt. Wie oft hat Gott schon mein Herz genau zum richtigen Zeitpunkt durch einen handgeschriebenen Brief, den ich unter allen Kreditkartenangeboten und Newslettern von Kaufhäusern im Briefkasten entdeckt habe, berührt. Und wie oft hat mich der Herr aus dem Sumpf meines Selbstmitleids und der Enttäuschung herausgezogen, weil ich mir die Zeit genommen und mich hingesetzt habe, um jemandem zu danken, der mir in meinem Leben Gutes getan hat.

Dies ist mit absoluter Sicherheit ein doppelter Segen.

Ich versuche, immer ein paar Dankeskarten in meiner Tasche dabei zu haben. Man weiß nie, ob man im Laufe des Tages ein paar freie Minuten hat. Mehr braucht man tatsächlich nicht – nur fünf bis zehn Minuten –, um sich an jemanden zu erinnern, der einem auf irgendeine Art und Weise einmal etwas Gutes getan hat; schreiben Sie ihm oder ihr Ihre von Herzen kommenden Gefühle und senden Sie die Karte ab. So einfach ist das ...

Und dennoch ist es so wichtig. Eine liebe Freundin von mir hätte einmal beinahe ihren 29-jährigen Sohn Jeff durch einen Unfall verloren. Zwei Wochen nachdem sich langsam abzeichnete, dass er überleben würde, wurde klar, dass er ernsthaft und langfristig beeinträchtigt sein würde. Seine Verletzungen waren einfach zu schwer gewesen, um sie einfach so „wegstecken" zu können. Getragen von unablässigem Gebet durch ihre Familie und durch Freunde zu Hause, griff Gott wider Erwarten auf wundersame Weise in die Heilung und die schnelle Genesung ein und überraschte damit auch das Krankenhauspersonal, das sich um Jeff gekümmert hatte.

Auf der langen Fahrt vom Krankenhaus in St. Louis bis nach Hause, nach Indiana, wo sich seine Eltern während seiner weiteren Genesung um ihn kümmern würden, begann Jeff sich damit auseinanderzusetzen, wie weit er sich von seinem kindlichen Glauben bis hin zu den äußersten Grenzen seiner Rebellion entfernt hatte. Vom Rücksitz aus bat er schließlich seine Eltern, ihm zu erzählen, was tatsächlich in der Nacht des Unfalls und in den darauffolgenden Tagen geschehen war.

Unter Tränen der schmerzlichen Erinnerung erzählten sie ihm, wie sie von dem Unfall gehört hatten und schnellstens zu ihm gefahren waren, um in seiner Nähe zu sein; auch wie sie telefonisch unterwegs auf der Autobahn um Gebetsunterstützung gebeten hatten. Sie erzählten ihm, wie sowohl seine Schwester als auch seine beiden Brüder nächtelang an seinem Krankenbett gesessen und Gott angefleht hatten, doch sein Leben zu schonen. Sie berichteten von alten Freunden, die alles stehen und liegen gelassen hatten, um die weite Fahrt auf sich zu nehmen und an seinem Bett sitzen zu können und darüber hinaus Unterstützung jeglicher Art anboten, sei es in Form von praktischer Hilfe oder Gebet.

Plötzlich brach der Bericht der Eltern ab, als Jeff unkontrolliert zu schluchzen begann. Angesichts dessen, was Gott getan, was seine Familie durchgemacht hatte und welche Opfer so viele andere gebracht hatten, war Jeff zu überwältigt, um sich noch länger unter Kontrolle zu halten. Obwohl er nichts getan hatte, was solch eine Fürsorge gerechtfertigt hätte, war er so überreich mit Gnade und Liebe überschüttet worden.

Als er sich schließlich wieder unter Kontrolle hatte, nahm er sein Handy und rief seine Geschwister an, um ihnen dafür zu danken, dass sie bei ihm gewesen waren, als er sie am nötigsten gebraucht hatte. Nachdem er seinen letzten Anruf beendet hatte, bat er seinen Vater, an der nächsten Autobahnausfahrt abzufahren. Er bat seine Eltern, an einem Supermarkt zu halten, um Dankeskarten zu kaufen. Auf dem restlichen Nachhauseweg schrieb er eine Dankeskarte nach der anderen und drückte seine von Herzen kommende, überschwängliche Dankbarkeit aus.

Ich erinnere mich daran, wie seine Eltern mir erzählten, dass er dies auch später zu Hause gewissenhaft fortsetzte; am Ende hatte er mehr als 100 Karten an alle die geschrieben, die für seine Genesung und – was noch wichtiger war – für seine geistliche Wiederherstellung gebetet hatten. Gnade war wie eine erfrischende Quelle sichtbar geworden und überfließende Dankbarkeit floss daraus wie ein reißender Strom.

Dankeskarten sind eine Möglichkeit, das auszudrücken, was in unseren Herzen ist (oder sein sollte). Eine Gelegenheit, uns bei Menschen zu bedanken, z. B. für Geschenke, Freundlichkeiten, eine geistliche Gesinnung, einen guten Ratschlag, Gebete, Ermutigungen usw.

Sollte man solche Karten mit der Hand schreiben? Wie sieht es mit E-Mail aus (oder mit Facebook, SMS, Twitter oder anderen elektronischen Medien)? Für viele von uns ist die elektronische Post die schnellste und einfachste Methode, eine Nachricht zu übermitteln. Oftmals verschicke ich ein Dankeschön an einen Freund oder Kollegen per E-Mail. Genauso gerne erhalte ich solche Nachrichten. Selbstverständlich gibt es keinen einzig „korrekten" Weg, seinen Dank auszudrücken.

Aber trotz allen Fortschritts in unserer High-Tech-Welt denke ich, dass ein „richtiger Brief" schon eine andere Wirkung hat, egal, ob er mit der Hand oder mit dem Computer geschrieben ist. (Normalerweise versende ich schon handgeschriebene Briefe, allerdings muss ich gestehen, dass die Empfänger wahrscheinlich einen gedruckten leichter entziffern könnten!)

Halten Sie sich aber nicht mit der Technik auf. Entschließen Sie sich, ein dankbares Herz zu bekommen und sich Zeit zu nehmen, Ihre Dankbarkeit so oft wie möglich mithilfe aller denkbaren Mittel auszudrücken, und das möglichst vielen Menschen gegenüber. Wenn ich allein darüber nachdenke, wie oft Gott Dankesbriefe von anderen Menschen gebraucht hat, um mich zu ermutigen und mein Herz zu stärken, dann frage ich mich, wer von mir ein Wort der Ermutigung nötig gehabt hätte, während ich versäumt habe, auf das Drängen des Heiligen Geistes zu achten und solch eine Ermutigung abzusenden.

Ich glaube, dass der Apostel Paulus (der selbst ein effektiver Dankesbriefschreiber war) sich freuen würde, wenn er wüsste, dass wir sein Anliegen verstanden haben, nämlich dass die, die unterwegs reichlich säen, auch reichlich ernten werden – „überströmend durch viele Danksagungen zu Gott" (s. 2. Korinther 9,6-15).

Wenn Sie es sich noch nicht zur Gewohnheit gemacht haben, dann ermutige ich Sie, dieses Ziel mit Freude anzusteuern.

Vielleicht sollten Sie eine kleine Kiste mit einem Vorrat an Karten neben Ihr Bett oder auf Ihren Schreibtisch stellen – oder eben dort, wo Sie sie vermutlich am ehesten schreiben würden. Wenn Sie erleben möchten, wie schön und ermutigend Dankbarkeit sein kann, dann sehen Sie zu, dass diese Kiste mit Dankeskarten immer gut gefüllt ist. Es ist eine wichtige Investition in Ihre Mitmenschen.

Und es wirkt sich positiv auf Ihre dankbare Haltung aus.

Üben Sie Dankbarkeit in Gemeinschaft mit anderen!

Gemeinsam Zeit mit Danksagung zu verbringen kann für Sie als Familie, Sonntagsschul-, Bibelstudien- oder Mitarbeitergruppe oder auch als gesamte Gemeinde sehr bedeutungsvoll sein.

Ein Ausdruck von Dankbarkeit, der besonnen, gezielt und vom Heiligen Geist geleitet ist.

Legen Sie Wert auf persönliche und gemeinsame Anbetung. Bitten Sie Gott darum, einen Geist der Dankbarkeit in Ihnen und Ihrer Gruppe wachsen zu lassen – Dankbarkeit für seine Gnade, seine Führung und seine Erlösung – und Ihnen zu helfen, dankbarer zu sein für die kleinen Dinge, die wir so oft übersehen.

> **Eine gemeinsame Zeit mit Danksagung zu verbringen, ist eine der effektivsten Methoden, die Sie als Familie oder Gruppe durchführen können.**

Paulus' größte Sorge war die Einheit unter den Christen. Ihm war bewusst, dass es nur wenige Dinge gibt, die deutlicher zeigen, was Christus im Leben eines Menschen tun kann, als die Einheit einer Gruppe von völlig unterschiedlichen Menschen, die zusammenkommen und deren Herz und Puls für eine gemeinsame Sache schlägt. Er wusste, wenn eine Gemeinde im Dienst zusammenstand – nicht nur die Verantwortlichen, sondern die *ganze* Gemeinde –, würde Gott auf sie hören und sein Herz bewegen lassen.

Wenn Ihre Familie, Ihre Bibelgruppe oder Ihre Gemeinde es schaffen würde, gemeinsam einen Sinn für Dankbarkeit zu entwickeln, was denken Sie, wie viele belanglose Auseinandersetzungen es dann noch gäbe?

Wie viele Menschen, die untereinander uneins sind, würden dann einen Grund finden, um ihren Egoismus und Streit zu beenden? Wie viele christliche Werke könnten ihr volles Potenzial ausschöpfen, wenn ihre Mitarbeiter immer dankbarer würden für das Vorrecht, Gott dienen zu dürfen – gemeinsam?

Das wäre eine willkommene Veränderung, nicht wahr? Ich würde sagen, das wäre eine veränderte Dankbarkeit. Ich ermutige Sie heute dazu.

(Erlauben Sie mir hier einen kleinen Einschub? Jede Altersgruppe innerhalb des Leibes Christi sollte die Absicht haben, eine dankbare Haltung zu trainieren. Allerdings gilt dies meiner Meinung nach besonders für die älteren, unverheirateten Frauen unter uns. Ich habe älter werdende Frauen beobachtet und dabei Folgendes festgestellt: Wenn sie nach mehr Dankbarkeit trachten, neigen sie weniger zu der allgemeinen Tendenz, zu negativen, harten, einsamen, bitteren, jammernden alten Frauen zu werden, Frauen, die ihr eigenes Leben und das von anderen schwermachen. Ich glaube, dass eine demütige, dankbare Frau, die in Einigkeit mit anderen Gläubigen lebt, immer gütiger, warmherziger, weitherziger und auch schöner wird – innerlich wie äußerlich. Das ist nur ein gut gemeinter Ratschlag und eine Ermutigung für mich selbst und für diejenigen, die sich hier angesprochen fühlen!)

Wo Sie hingehen können

Wenn ich eine Veränderung hin zu mehr Dankbarkeit fordere, verlange ich nichts von Ihnen, das trivial oder belanglos und noch weniger erfunden oder unaufrichtig ist. Wenn Dankbarkeit zu Ihrer Grundeinstellung wird, ändert sich Ihr Leben. Wie wir bereits zuvor festgestellt haben, sieht die Welt mit den Augen der Dankbarkeit anders aus. Ein Problem, das Ihnen zuvor Not machte, steht nun rechtmäßig weiter unten auf Ihrer Liste, hinter zwanzig Segnungen, die weitaus schwerer wiegen. Sie finden neuen Antrieb, Gott mit mehr Enthusiasmus als zuvor zu loben wegen einer Sache, die Sie vorher immer wieder zur Weißglut gebracht hat. Er ist mehr als treu und vertrauenswürdig.

Dinge ändern sich durch Dankbarkeit.

Zuvor aber müssen Sie Gott sagen, dass es Ihre feste Absicht ist. Sagen Sie ihm, dass Sie damit beginnen, Ihre Erlösung nicht nur als eine einmalige Sache anzusehen, sondern dass sie der tägliche Grund zum Feiern und Staunen ist.

Sagen Sie ihm, dass jeder Tag eine neue Gelegenheit sein soll, große und kleine Segnungen zu beachten – angefangen von dem größten, wunderbaren Geschenk seiner rettenden Gnade bis zu dem Vorrecht, eine gesunde Familie haben zu dürfen; oder dass Sie nicht durch ein kleines schmerzhaftes Bläschen im Mund beeinträchtigt sind, wie man es schon mal bekommen kann. (Haben Sie sich einmal bewusst gemacht, dass Sie dafür danken können?)

Sagen Sie ihm, dass Sie ihm alle Situationen und Umstände in Ihrem Leben übergeben, auch jene, die noch schmerzlich sind; jene, die Ihnen absolut sinnlos erscheinen; ebenso solche, bei denen Sie nicht begreifen, warum Sie sich ausgerechnet jetzt mit ihnen auseinandersetzen müssen. Egal, wie schlimm die Dinge werden; egal, was jemand zu Ihnen sagen könnte; egal, wie lange es dauern und wo es hinführen kann – jeden Abend werden Sie ihm alles zu Füßen legen, ihm für seine Kraft danken, die Sie durch den Tag gebracht hat, und auf seine Gnade warten, die am nächsten Morgen wieder neu sein wird (auch wenn Sie sie bereits um 00:01 Uhr brauchen)!

Als die wohl reichsten und materiell besser gestelltesten Menschen unserer Weltgeschichte sind wir zornig, bitter, stolz und undankbar geworden. Wir haben eine völlig falsche Vorstellung von unseren Rechten und die vollkommen unbiblische Auffassung, Gott sei verpflichtet, uns Leichtigkeit und Luxus zu schenken, zumindest für zwei Wochen, in denen wir uns nicht mit schwierigen und entmutigenden Dingen befassen oder belasten müssen. Wir können uns kaum vorstellen, dass unsere geistlichen Vorfahren mit Lobesliedern auf den Lippen den Märtyrertod starben (ebenso Brüder und Schwestern unserer Zeit auf der ganzen Welt).

Lassen Sie sich sagen: Gott liebt Sie. Seine Versprechen haben Gültigkeit, und wenn Sie Jesus Christus als Ihren Herrn und Erlöser angenommen haben, dann ist auch Ihr himmlisches Schicksal geregelt. Dennoch muss Gott in und durch uns heilige Arbeit wirken, die nun einmal nur im Tal des Schattens und des Leidens geschieht. Wollen Sie sich dagegen sträuben? Oder wollen Sie der Ton in seinen Händen sein und wissen, dass es seine Absicht ist, Sie in das Bild Christi zu formen, und dass er für Ihr Leben etwas weitaus Größeres als Ihre eigene Bequemlichkeit, Ihren persönlichen Genuss und Ihr Vergnügen vorgesehen hat. Er will, dass Ihr Leben Teil eines großen, ewigen Bildes seiner Erlösung ist, welches das Wunder seiner rettenden Gnade darstellt. Eines Tages wird dieses Bild fertiggestellt sein und wir werden ihn ewig zusammen verherrlichen.

In der Zwischenzeit können wir hingegeben und willig leben, indem wir Gott und seinen höheren Wegen vertrauen, oder aber wir können schreiend um uns treten. Wir haben die Wahl.

Ich würde mir wünschen, dass wir alle auf den Wegen gehen, die er für uns vorgesehen hat. Auf den Wegen, die uns in den Mittelpunkt seines großen Willens und Plans stellen. Also lassen Sie sie uns demütig, im Glauben und auf den Knien gehen.

Zu unserem Besten und zu seiner Ehre wollen wir dies dankbar tun.

Anmerkungen

1 Mary W. Tileston, *Daily Strength for Daily Needs*, 18. Januar, Whitaker House, New Kensington, 2003.

2 Abgeänderte Fassung von Russel Kelfer, „A Grateful Spirit, Part 2“, (176-b), 14, erhältlich (auf Englisch) unter http://dtm.org/LessonsOnLine.

3 Anne Keegan „Blue Christmas“, *Chicago Tribune Magazine*, 24. Dezember 1995.

Ein persönliches Nachwort

Für alle diejenigen, die sagen: „Ich kann einfach nicht für alles dankbar sein!"

Vielleicht haben Sie beim Lesen dieses Buches festgestellt, dass auch in Ihrem Herzen Wurzeln der Undankbarkeit wachsen. Eventuell wurden Sie durch die Aussage „Seid dankbar in allen Dingen" herausgefordert, einen dankbaren Lebensstil zu trainieren. Dennoch tobt in Ihrem Herzen ein Kampf. Sie schaffen es einfach nicht, den entscheidenden Schritt zu tun und von ganzem Herzen Ja zu diesem Appell zu sagen.

Es kann sein, dass ein besonderer Umstand in Ihrem Leben der Grund dafür ist, dass Dankbarkeit außerhalb Ihrer Reichweite liegt. Auch ist es möglich, dass Sie wohl wissen, dass Sie dankbarer sein sollten, aber noch nicht bereit sind, alles Klagen aufzugeben und uneingeschränkt in allen Dinge zu danken.

Wenn Sie sich in einem dieser Kämpfe wiederfinden, dann gilt Ihnen dieses Nachwort.

Immer dann, wenn ich ein neues Buch oder einen Vortrag schreibe, wird mein Herz knallhart mit den Wahrheiten konfrontiert, die ich anderen nahebringen möchte. Genau das treibt mich immer wieder neu und tiefer zur Buße.

Als ich mir vornahm, ein Buch über Dankbarkeit zu schreiben, nahm ich irrigerweise an, dies sei für mich persönlich ein „einfacheres" Thema als die Themen, über die ich in der Vergangenheit geschrieben habe – Themen wie „Zerbruch", „Heiligung" und „Hingabe". (Nachdem ich Bücher zu diesen „schweren" Themen geschrieben hatte, witzelte ich: „Ich möchte jetzt mal ein Buch über Frieden oder Glück schreiben!") Wie konnte ich mich da nur so täuschen!

Während ich mich wochenlang mit diesem Manuskript beschäftigte, schien Gottes Geist in mein Herz und brachte dadurch Dinge zum Vorschein, mit denen ich mich nicht unbedingt auseinandersetzen wollte.

Dadurch geriet ich in eine schwierige Situation, denn ich habe mich verpflichtet, nicht über Dinge zu schreiben, die ich selbst nicht praktiziere.

Während der letzten Tage des Redigierens machte der Heilige Geist mich auf einiges aufmerksam und der Kampf in meinem Herzen tobte noch heftiger. Schließlich fühlte ich mich gezwungen, eines späten Samstagabends eine E-Mail an einige Freunde zu verfassen, denen ich mich geistlich verantwortlich fühle – eine Mail, in der ich mein Herz ausschüttete. Obwohl es sehr persönlich ist, möchte ich hier einige Auszüge davon abdrucken. Ich schrieb also Folgendes:

Ich zögere, dieses Buch herauszubringen, da ein großes Loch zwischen dessen Inhalt und meinem Leben klafft. Ich bin überzeugt, dass die Dinge, die ich über Dankbarkeit geschrieben habe, wahr sind. Dennoch ringe ich noch immer, mir genau diese Dinge selbst anzueignen und entsprechend zu leben, z. B. dass ich mich für Freude und Dankbarkeit entscheide, wenn ich mit Problemen umgehen muss, die mich auslaugen. Fakt ist: Ich behalte mir noch immer das Recht vor, über das Schwere in meinem Leben „zu jammern", anstatt Gott zu „loben".

Ich lese manche der Ermahnungen in meinem Manuskript und denke: Ich weiß, an diesem Punkt bin ich noch nicht – und ich bin mir nicht sicher, ob ich dort hinwill *(oder, wenn ich ehrlich bin:* Ich möchte diese Entscheidungen nicht treffen, und ich weiß nicht, ob ich es jemals will.)

Das Anliegen dieses Buches hat in und an meinem Leben gearbeitet. Aber hören allein reicht nicht, ich muss es umsetzen. Ich muss die weiße Flagge der Hingabe hissen und sagen: „Ja, Herr" und dann genau das tun, was er von mir erwartet.

Während ich darüber schrieb, was es bedeutet, in allen Dingen dankbar zu sein, wurde ich selbst durch meine „Predigt" überzeugt. Ich weiß, es braucht ein größeres Maß an Gehorsam und Hingabe meinerseits, ehe ich dieses Buch mit „aufrichtigem Herzen" herausbringen kann.

Das Naheliegendste wäre also zu sagen: „Dann hisse die weiße Flagge!" Ehrlich gesagt, bin ich noch nicht so weit. Aber indem ich Euch das mitteile, denke ich, dass ich auf dem richtigen Weg bin. Ich weiß, er ist der Herr und er verdient meine frohe und aufrichtige Hingabe.

Nachdem ich diese E-Mail geschrieben hatte, rang ich mit mir, ob ich sie überhaupt absenden sollte. Mir war bewusst, dass ich mich auf gewisse Art und Weise angreifbar machen würde, was nicht der Fall wäre, wenn ich die Angelegenheit für mich behielte.

Aber ich wusste auch, dass Gott seine Gnade über die Demütigen ausgießt. Ich wusste, dass „im Licht zu leben" bedeutet, sich vor Gott und anderen Menschen zu demütigen, und dass es absolut notwendig ist, seine Nöte vor Gott und anderen zu bekennen, um verändert zu werden. Ich merkte, ich *musste* diese E-Mail losschicken, wenn ich den Sieg und die Veränderung haben wollte, die Gott in diesem Bereich meines Lebens erwartete.

„Ja, Herr!"

Als ich am nächsten Morgen zur Gemeinde ging, betete ich, dass der Herr den Leiter und Pastor segnen würde. Als der Moderator die Bühne betrat, sprach er kurz darüber, dass wir auf Jesus Christus, den Felsen, fallen müssen, um zerbrochen zu werden, damit er nicht auf uns fallen und uns zerschmettern müsse (vgl. Lukas 20,18). Mich beschlich das Gefühl, dass dieser Mann meine E-Mail gelesen hatte!

Er sprach weiter davon, dass das „Fallen auf den Felsen" bedeute, dass wir bereit sein müssten, uns zu ändern, dann, wenn er es will, und dass wir uns nach seinem Willen ausrichten sollen. An diesem Punkt dachte ich, ich sei die Einzige im Raum und dass Gott nur zu mir sprach. Ich konnte kaum noch atmen.

Die nächste Viertelstunde sangen wir ein Lied nach dem anderen über das Kreuz Christi und das Opfer, das er für unsere Sünden bezahlt hatte. Wir hörten zu, als

Jesaja 53 vorgelesen wurde, wie unsere Sünden (einschließlich meiner Sünde des Klagens) auf Christus ans Kreuz gelegt wurden.

Dann sprach der Pastor die Worte, die zum Abendmahl hinführen sollten. Ich freue mich immer, wenn wir das Abendmahl feiern. Aber ausgerechnet heute?! Auf meinem Schoß lag meine Bibel, die bei 1. Korinther 11 aufgeschlagen war; mein Blick wanderte immer wieder zu der Stelle, in der steht, dass Jesu Leib für mich gebrochen wurde – wie er Ja zu dem Willen seines Vaters gesagt hatte – und zu den Warnungen, das Brot und den Kelch „unwürdig zu nehmen", und „des Leibes und Blutes des Herrn schuldig zu sein" (vgl. Vers 27). Mir war klar, dies war kein Augenblick, um zu heucheln.

Als die Symbole nacheinander herumgereicht wurden, hielt ich zuerst das Brot in meiner Hand, dann den Traubensaft. Dort saß ich in der Gegenwart Christi mit Tränen in den Augen, dachte über das Kreuz nach und war betrübt über den Gedanken, dass ich angesichts seines großen Opfers etwas vor ihm zurückhielt.

Mein Herz war von seinem Geist überführt worden, aber trotzdem durch seine Gnade angezogen. Ich bekannte meinen Stolz und Widerstand und bat ihn, mir zu vergeben. Ich dankte ihm für das, was er für mich auf Golgatha getan hatte, und ich ließ zu, dass sein Blut mein Herz reinwusch.

In meinem Herzen hisste ich die weiße Flagge und sagte: „Ja, Herr, ich bin bereit, mit dir den ganzen Weg auf dieser Reise zu gehen, und entscheide mich für die Dankbarkeit."

Und in meinem Herzen hisste ich die weiße Flagge und sagte: „Ja, Herr, ich bin bereit, mit dir den ganzen

Weg auf dieser Reise zu gehen, und entscheide mich für die Dankbarkeit." Ich will nicht nur „dankbar genug" sein, um den Anschein zu wahren. Mithilfe deiner Gnade will ich die Axt nehmen und jegliche Spur einer Wurzel von Klagen abhauen, damit ich eine durch und durch dankbare Frau werde."

In jenem heiligen Moment betete ich an.

Mir ist bewusst, dass Heiligung ein lebenslanger Prozess ist. Auch erwarte ich nicht, dass sich langjährige Verhaltensmuster über Nacht in nichts auflösen. Um das alte Leben „auszuziehen" und das neue Leben durch den Geist „anzuziehen", braucht es Entschlossenheit, Demut, Zeit und Kraftaufwendung.

Aber mein Herz ist bereit für diese Reise. Ich fühle mich jenen verantwortlich, die mit mir diesen Prozess durchlaufen wollen, bis zu dem Moment, in dem Dankbarkeit durch seine Gnade zur Grundeinstellung meines Herzens und zur Antwort auf alles in meinem Leben wird.

Wollen Sie mich begleiten? Er ist es wert!

In der Dankbarkeit wachsen
Andachtsteil für 30 Tage

Immer dann, wenn ich das Wort „Gnade" höre,
werde ich daran erinnert, täglich ein Leben zu führen,
das meine Dankbarkeit Gott gegenüber reflektiert.
Charles W. Colson[1]

Im Laufe der Jahre habe ich gelernt – und beim Schreiben dieses Buches wurde ich öfters daran erinnert –, dass man sich ganz bewusst dafür entscheiden muss, ein dankbarer Mensch zu sein. Wenn ich es versäume, mich für die Dankbarkeit zu entscheiden, wähle ich damit automatisch die Undankbarkeit. Und hat diese Undankbarkeit erst einmal in meinem Leben Fuß gefasst, bringt sie noch viele andere unwillkommene Kameraden mit sich, die vieles zerstören und dann mit meiner Freude davonlaufen. Sich nicht täglich und ausdrücklich für die Dankbarkeit zu entscheiden, ist kostspieliger, als die meisten es sich vorstellen.

Ich vertraue darauf, dass der Herr beim Lesen dieses Buches in Ihnen den Wunsch geweckt hat, seine Gnade zu erwidern, indem Sie ein Leben in inniger und demütiger Dankbarkeit führen. Aber Dankbarkeit entsteht genauso wenig „durch Zufall" wie die anderen geistlichen Tugenden und Früchte. Man muss sie sich wirklich zum Vorsatz machen. Darum bin ich überzeugt, dass die folgenden Seiten den vielleicht wichtigsten Teil dieses Buches ausmachen, der Ihr Leben wirklich verändern kann.

Ich lese viele gute Bücher, die mich in bestimmten Bereichen meines Lebens als Christ herausfordern und formen. Aber viel zu oft stelle ich das gelesene Buch wieder in mein Bücherregal und schnappe mir das nächste, das ich lesen will, ohne mir die Zeit zu nehmen, das Gelesene in mir wirken zu lassen, Buße zu tun und die Wahrheiten aus Gottes Wort in meinem Leben umzusetzen.

Der Teufel (der übrigens das beste Beispiel für Undankbarkeit ist!) hat nichts dagegen, wenn Sie ein Buch über Dankbarkeit lesen, solange Sie nicht die Wahrheit in Ihrem Herzen wirken lassen, die Ihr Denken und Leben verändert. Solange Sie sich nicht wirklich für die Dankbarkeit entscheiden!

Also, bevor Sie nun das Buch wieder zur Seite legen, ermutige ich Sie, das Gelesene wirklich in die Praxis umzusetzen. Dazu brauchen Sie aber mehr als nur ein paar Minuten. Wie ich bereits im letzten Kapitel erwähnte, braucht es Zeit, um sich neue Gewohnheiten und geistliche Disziplin anzueignen.

Ich weiß schon ... Sie haben ohnehin schon so viel zu tun und brauchen nicht noch etwas oben drauf. Nun, wenn Sie sich Zeit abringen, mit mir durch diesen Andachtsteil zu gehen, dann – das verspreche ich Ihnen – werden Sie dafür dankbar sein!

In Kapitel 9 habe ich Sie aufgefordert, sich 30 Tage Zeit zu nehmen, um eine dankbare Haltung zu entwickeln. Dieser letzte Teil des Buches soll Ihnen dabei helfen. Dazu brauchen Sie täglich 20 bis 30 Minuten – möglichst zu einer Zeit und an einem Ort, wo Sie am wenigsten von anderen Dingen abgelenkt werden. (Tragen Sie sich diese Zeit am besten wie jeden anderen Termin in Ihren Kalender ein, damit er in Ihrem bereits ohnehin vollen Tag nicht untergeht.)

Die beiden folgenden Dinge sollten Sie auf dieser Reise dabeihaben:

Erstens: Ihre Bibel. Wir können uns auf keine „Andachtsreise" begeben, ohne Gottes Wort mitzunehmen. Für jeden Tag ist ein Bibelabschnitt angegeben. Überfliegen Sie ihn bitte nicht nur, sondern „genießen" Sie ihn. Denken Sie darüber nach. Bitten Sie den Heiligen Geist, Ihnen die Worte und Abschnitte zu zeigen, die Sie sich einprägen sollten. Seine Worte – nicht meine – werden Sie in eine dankbare Person verwandeln.

Zweitens: Ein Notizbuch. Leider findet sich in diesem Buch nicht genug Platz, um alles das aufzuschreiben, was Gott in Ihnen verändern wird. Hier sind einige Vorschläge, wie Sie Ihr persönliches „Danktagebuch" während der nächsten Wochen (oder auch darüber hinaus) gestalten können:

- Schreiben Sie einen Schlüsselgedanken und weitere Erkenntnisse über das Thema „Dankbarkeit“ auf, die Sie beim täglichen Bibellesen entdecken.

- Notieren Sie Ihre Antworten zu den Fragen und Aufgaben in diesem 30-tägigen Andachtsteil. Dazu gehören auch Dankeslisten zu verschiedenen Kategorien.

- Schreiben Sie Ihre Gebete auf, die Ihnen bei Ihrem Studium und beim Nachdenken wichtig werden.

- Schreiben Sie jeden Tag fünf Dinge auf, für die Sie dankbar sind. Wenn Sie nach Dingen Ausschau halten, die Sie jeden Tag aufschreiben wollen, werden Sie erstaunt feststellen, wie Ihre Augen auf seine „Gnadenerweise, die jeden Morgen neu sind“ aufmerksam werden (vgl. Klagelieder 3,23).

- Notieren Sie sich alle Bibelstellen, über die Sie stolpern, die mit Dankbarkeit und Dank zu tun haben.

- Halten Sie alle weiteren Erkenntnisse fest, die Ihnen der Herr über das Thema „Dankbarkeit“ schenkt, während Dank immer mehr zum Fokus Ihres Denkens wird. Halten Sie Ihre Fortschritte schriftlich fest, um ein dankbares Herz zu bekommen. Erkennen Sie, was der Herr Ihnen unterwegs wichtig macht – Herzensangelegenheiten, die anzusprechen sind; Stolpersteine zur Undankbarkeit, auf die Sie achten sollten; Konsequenzen von Undankbarkeit und Hilfen zu mehr Dankbarkeit; der Einfluss von dankbaren Menschen auf Ihre Umgebung etc.

Hier gibt es kein Richtig oder Falsch! Es kann Ihnen helfen, wenn Sie Ihr Danktagebuch in die o. g. Abschnitte einteilen, oder Sie beginnen jeden Tag neu, indem Sie Ihre Einträge unter diese oder jene Begriffe zur Dankbarkeit einordnen.

Eines noch: In diesem 30-tägigen Andachtsteil finden Sie viele praktische Tipps, um dankbarer zu werden. Aber halten Sie sich nicht mit den verschiedenen „Aufgaben“ auf, indem Sie versuchen, jede einzelne Frage zu beantworten und Listen zu erstellen und dabei den Kern aus den Augen verlieren. Dies sind nur Vorschläge! Wenn Sie der Ansicht sind, diese oder jene Frage sei zu kompliziert oder dieses oder jenes sei nicht hilfreich, dann gehen Sie zum nächsten Punkt über. Es geht darum, dass der Herr durch sein Wort zu Ihnen spricht und Sie in Demut und Gehorsam darauf reagieren, um Dankbarkeit zu Ihrem Lebensstil zu machen.

Also, lassen Sie uns beginnen!

Tag 1:
Durch Gnade bestimmt

Bibellese:
Kolosser 3,12-17

Wir haben festgestellt, dass Dankbarkeit bedeutet, all das Gute, das uns von Gott und Menschen zugedacht wird und wurde, zu begreifen und durch Dank zum Ausdruck zu bringen. Nun wollen wir uns ein bisschen näher damit befassen, was das im Einzelnen bedeutet:

Um zu „begreifen", was uns jeden Tag geschenkt wird, müssen wir unsere Herzensaugen öffnen und wachsam halten. Das bedeutet, wir sollten fortwährend Ausschau nach Segnungen halten – fast so, als wären wir jeden Tag auf Schatzsuche. Ein Freund von mir hat es sich zur Gewohnheit gemacht, Gott jeden Morgen vor dem Aufstehen für zehn Dinge zu danken. Er möchte seinen Tag damit beginnen, auf die Güte des Herrn ausgerichtet zu sein anstatt auf irgendwelche Probleme oder Herausforderungen, die sich ihm im Laufe des Tages stellen könnten.

„Dank zum Ausdruck bringen" bedeutet, dass wir das, was in unseren Herzen ist, auch aussprechen müssen. Wir sollten es uns zum Vorsatz machen, Gott und anderen für das zu danken, was er bzw. sie uns Gutes tun. Dadurch haben wir viele Möglichkeiten, das, was uns gegeben wurde, an andere weiterzugeben. Es ist unser Geschenk an sie – und an den Herrn.

Sich an das „empfangene Gute zu erinnern" hilft uns, Bitterkeit und Anspruchsdenken aus unseren Herzen zu vertreiben. Wir sollten negative Gedanken, Gedanken, die uns herunterziehen, verbannen und durch ein Bewusstsein ersetzen, dass unser liebender Vater uns reichlich mit Segen überschüttet hat und sogar die „bösen Dinge“ zu unserem „Besten“ dienen können, damit wir Jesus ähnlicher werden.

Durch Dankbarkeit verändert sich unser Start in den Tag, ebenso wie unser Tagesablauf und unser Tagesrückblick. Wir werden dadurch als Menschen wahrgenommen, die Beziehungen zu Gott und ihren Mitmenschen wertschätzen. Wenn wir ihm und anderen im Laufe des Tages danken, äußern wir dadurch Demut, weil wir begreifen, dass alle „Segnungen“ unverdient sind.

Dankbarkeit in Aktion

1. Wie würden Sie Ihren „Dankbarkeitsgrad“ einschätzen? (Wenn Sie sich unsicher sind – oder wissen wollen, wie andere Sie wahrnehmen, fragen Sie diejenigen, die mit Ihnen unter einem Dach wohnen oder arbeiten – Menschen, von denen Sie wissen, dass sie ehrlich Ihnen gegenüber sind!). Kreuzen Sie das unten an, was auf Sie zutrifft:

   ○ Ich sehe die Welt mit dankbaren Augen und nutze jede erdenkliche Möglichkeit, um Gott und anderen zu danken.

   ○ Ich weiß, ich bin reich gesegnet, aber leider halte ich nicht sehr oft inne, um Gott oder anderen zu danken.

○ Um ehrlich zu sein, habe ich mir bis zum Lesen dieses Buches noch nicht viele Gedanken über Dankbarkeit gemacht. Es liegt noch ein weiter Weg vor mir, bis ich einen Lebensstil der Dankbarkeit führen kann.

○ Ich bin ein Nörgler! Ich neige dazu, meine Probleme immer wieder in den Mittelpunkt zu stellen und bei meinen Mitmenschen zu äußern.

2. Schreiben Sie ein Gebet auf, in dem Sie Gott bitten, Ihnen in den nächsten 30 Tagen ein dankbareres Herz zu geben. Wenn Sie festgestellt haben, dass ihr „Dankbarkeitsgrad“ nicht so ist, wie er sein sollte, bekennen Sie Ihren undankbaren Geist vor dem Herrn. Bitten Sie ihn um Vergebung und Veränderung durch seinen starken Geist, damit Sie aufrichtig dankbar werden.

3. Schreiben Sie zu Beginn der Bibellese die Definition von Dankbarkeit auf und lernen Sie sie auswendig. Rufen Sie sie sich immer wieder dann ins Gedächtnis, wenn Ihnen Ihre Undankbarkeit über Ihren Standpunkt und Ihre Situation bewusst wird.

Tag 2:
Überfließende Dankbarkeit

Bibellese:
Kolosser 1, 3,12; Kolosser 2,7; Kolosser 3,15-17;
Kolosser 4,2

In jedem Kapitel des Briefes an die Kolosser bezieht sich Paulus mindestens einmal auf die Dankbarkeit. Unterstreichen Sie in Ihrer Bibel in oben genannten Versen die Worte „danken", „Dank", „Danksagung", „dankbar" und „Dankbarkeit".

Paulus macht deutlich, dass Dankbarkeit keine Option ist. Wir erfahren hier etwas über ihre Quelle, ihre Eigenschaft, ihre Häufigkeit, ihr Ziel und ihr Ausmaß, und wir lernen auch ihre Begleiterscheinungen kennen. Schreiben Sie in Ihr Tagebuch alles das, was Sie in diesen Versen im Kolosserbrief über christliche Dankbarkeit entdecken.

Christus ist das zentrale Thema des Kolosserbriefes. Er ist erhöht und wird angebetet, weil ...

- ... er göttlicher Natur ist;
- ... er der Schöpfer und Erhalter aller Dinge ist;
- ... er über der gesamten Schöpfung und über allen irdischen Herrschern und Mächten steht;
- ... er uns am Kreuz erlöst und versöhnt hat;
- ... er die Mächte der Finsternis besiegt hat;
- ... er das Haupt der Gemeinde seines Leibes ist;
- ... er die Erfüllung und der Inhalt der alttestamentlichen Bilder und Formen ist;

- ... er das Leben eines Gläubigen und die Hoffnung der Herrlichkeit ist
- und noch viel, viel mehr!

Bei uns, die wir „mit Christus gestorben", „mit ihm in der Taufe begraben" und „mit ihm in der Hoffnung auferweckt wurden", entspringen Freude und Hoffnung nicht irgendwelchen irdischen Quellen und religiösen Praktiken, sondern sie kommen aus ihm.

In den vier Kapiteln dieses kurzen Briefes fordert uns Paulus auf, sexuell rein, mitfühlend, freundlich, demütig, bescheiden, geduldig, vergebend, liebend, friedlich, gehorsam, gerecht, weise, großzügig und dankbar zu sein! Puh – das ist ganz schön viel verlangt! Aber alles das, wozu wir als Christen berufen sind und was wir tun sollen, geschieht durch Christus in uns und dem, was er bereits für uns getan hat.

Wenn wir im Glauben wandeln, sind wir in der Lage, stets ein Leben „überströmend mit Danksagung" zu leben, da Christus in seiner unendlichen Größe und Gnade uns gegenüber die nötige Motivation und göttliche Befähigung bietet.

Dankbarkeit in Aktion

Wie jede Tugend und Frucht, die von uns als Kindern Gottes erwartet wird, wurzelt und gründet wahre Dankbarkeit in Christus und seinem Evangelium. Sie entsteht durch sein Wirken und Leben in uns. Lesen Sie einen oder mehrere der unten stehenden Abschnitte aus

Kolosser, denken Sie darüber nach, bringen Sie sie im Gebet Gott gegenüber zum Ausdruck, und gebrauchen Sie sie als Grundlage, ihm Ihren Dank auszudrücken. (Ich habe beim ersten Abschnitt schon mal angefangen ...):

- Kolosser 1,12-14: *Vater, ich möchte dir von Herzen danken, dass du mich, obwohl ich von dir getrennt war und keinerlei Anrecht auf dein Königreich gehabt hätte, durch deine Gnade fähig gemacht hast – zusammen mit all denen, die zu deiner Familie gehören –, ein Empfänger der unendlichen Reichtümer deines Erbes zu sein ...*
- Kolosser 1,15-22
- Kolosser 2,9-15
- Kolosser 3,1-11

Tag 3:
So sollen sagen die Erlösten des Herrn

Bibellese:
Psalm 107,1-32

Das Thema des 107. Psalms wird in seinen ersten beiden Versen zusammengefasst:

Preist den Herrn, denn er ist gut,
denn seine Gnade währt ewig!
So sollen sagen die Erlösten des Herrn,
die er aus der Hand des Bedrängers erlöst hat.

Dieser Einführung folgen vier „persönliche Zeugnisse" – Beispiele von Menschen, die durch den Herrn erlöst wurden und Grund haben, ihm zu danken. Jedes Zeugnis hat einen ähnlichen Aufbau:

- Bedrängnis – die Notlagen, in denen sich die Menschen wiederfanden
- verzweifelter Hilfeschrei zum Herrn
- göttliche Hilfe

Der Psalm wird immer wieder unterbrochen von einem „Dankesrefrain", der am Ende jedes Zeugnisses wiederholt wird (Verse 8, 15, 21, 31). Schreiben Sie diesen Refrain in Ihr Tagebuch.

Wie oft danken Sie dem Herrn bewusst für seine zuverlässige Gnade und Liebe sowie für seine Wunder in Ihrem Leben?

Dankbarkeit in Aktion

1. Schreiben Sie Ihr persönliches Zeugnis von Gottes rettender Gnade auf und folgen Sie dabei dem Aufbau von Psalm 107.

    - Wie sah Ihr Leben aus, bevor Gott Sie errettete? (Falls Sie einen „Anstoß" brauchen, lesen Sie einmal Epheser 2,1-3.)
    - Wie brachte Gott Sie an Ihre persönliche Grenze, an den Punkt, an dem Sie endlich nach seiner Barmherzigkeit schrien?
    - Wie hat sich Ihr Leben verändert, seit er Sie von der Sklaverei der Sünde befreit hat?

2. Wenn Sie noch etwas Zeit übrig haben, schreiben Sie noch ein weiteres, kurzes Zeugnis auf von der ersten Zeit nach Ihrer Bekehrung, als Sie in Not waren und zum Herrn schrien und er Ihnen zu Hilfe kam.

3. Lesen Sie erneut die ersten beiden Verse von Psalm 107 sowie den Refrain, der mehrfach wiederholt wird. Nehmen Sie sich Zeit, dem Herrn für seine zuverlässige Hilfe und sein Erlösungswerk in Ihrem Leben zu danken.

4. „So sollen sagen die Erlösten des Herrn" (Vers 2). Erzählen Sie heute jemandem Ihre Geschichte. Erzählen Sie, wie dankbar Sie dem Herrn für Ihre Erlösung sind.

Tag 4:
Noch eins … und noch eins

Bibellese:
Psalm 103,1-5

Für unsere Sendung *Revive Our Hearts* führte ich kürzlich ein Interview mit einer Frau, die seit mehr als 50 Jahren Bibelverse auswendig lernt. Sie sprach von den vielen Segnungen, die sie dadurch erfährt, dass sie Gottes Wort in ihrem Herzen trägt.

Ich war überrascht, als sie sagte, sie sei bislang niemals wirklich depressiv gewesen. Sie erklärte, dass, wann immer sie sich niedergeschlagen und traurig fühlte, sie Psalm 103 zitiere. Nun begann sie während des Interviews, den gesamten Psalm aufzusagen – auswendig, hoch konzentriert und aus tiefstem Herzen.

Für alle Anwesenden im Raum war es ein bewegender Augenblick. Als sie am Ende des Psalms angelangt war, herrschte eine heilige Stille. Der erste Gedanke, der mir durch den Kopf schoss, war: *Wie, um alles in der Welt, kann jemand von negativen Gedanken überrollt werden und wie kann ich mich jemals entmutigt fühlen, wenn ich doch so gesegnet sein darf – denn das bin ich tatsächlich!*

Wenn wir die besonderen Segnungen erkennen, die wir von Gott und unseren Mitmenschen erfahren, finden wir zahlreiche Gründe, um zu danken. Der Psalmist nahm sich Zeit, dem Herrn für besondere Segnungen zu danken – er wollte nicht eine davon vergessen! Wenn Sie heute dem Herrn im Gebet Ihr Herz öffnen, bitten Sie ihn, Ihnen zu zeigen, wie groß Ihr „Segenspaket“ tatsächlich ist.

Halten Sie sich in Ihrem Tage- oder Notizbuch einige Seiten frei, auf denen Sie die folgenden beiden Überschriften notieren können:

„Segnungen von Gott" und „Segnungen von anderen Menschen". Tragen Sie nun alles, was Ihnen dazu einfällt, unter die jeweilige Überschrift ein. Es ist völlig normal, wenn Sie beim Eintragen Ihrer persönlichen Erlebnisse in diese Spalten immer wieder den Stift zur Seite legen müssen, um zu einem anderen Zeitpunkt weiterzuschreiben; mal werden die Segnungen nur so aus Ihnen heraussprudeln, ein anderes Mal müssen Sie auch erst länger nachdenken, bis Ihnen etwas einfällt. Zwingen Sie sich also nicht; dies ist keine einmalige zehnminütige Übung. Also, wann immer Ihnen etwas einfällt, schreiben Sie es in Ihre Liste – während der nächsten 30 Tage (und auch danach!).

Dankbarkeit in Aktion

1. Nachdem Sie nun die Liste mit Ihren Segnungen aufgeschrieben haben, gehen Sie die einzelnen Punkte durch und danken Sie Gott für jeden einzelnen davon.

2. Lesen Sie den Psalm 103 laut. Versuchen Sie in der kommenden Woche, wenigstens die ersten fünf Verse auswendig zu lernen und sie sich zu verinnerlichen.

Tag 5:
Tiefer graben

Bibellese:
Epheser 5,15-21

Wenn Sie gestern begonnen haben, Ihre Segnungen aufzuschreiben, glaube ich, dass Ihnen nach und nach immer mehr bewusst wird, wofür Sie dankbar sein können. Dabei muss ich an ein mit Steinen gefülltes Glas denken. Jemand stellt die Frage: „Würden Sie sagen, dass dieses Glas voll ist?" – „Ja." – „Gibt es eine Möglichkeit, noch mehr in dieses Glas zu füllen?" –„Nein." Aber wenn man kleinere Steine und Sand hinzugibt, stellt man fest, dass doch mehr Platz im Glas ist als gedacht.

Ein Freund erzählte mir einmal, dass er beim Zähneputzen über einen der Verse aus unserer heutigen Bibellese (Epheser 5,20) nachdachte. Dabei traf ihn das Wort „alles" mitten ins Herz. Er dachte darüber nach, wie wichtig es ist, Gott auch für die „kleinen Dinge" zu danken, die wir oftmals übersehen. Das ließ ihn innehalten und dankbar sein, für ... nun, für seine Zahnbürste. Und für seine Zahnpasta. Nun, wo er „in Fahrt" war, fielen ihm auch seine Zähne ein, für die er Gott danken konnte – wahrscheinlich zum ersten Mal in seinem Leben.

Vielleicht müssen Sie nun noch eine weitere Liste zu den beiden gestrigen hinzufügen; aber es ist definitiv eine Kategorie, die man in Erwägung ziehen sollte. Da alles ein Geschenk von Gott ist (Jakobus 1,17), sollte man auch für alles danken.

Dieser Freund sagte mir übrigens noch, dass er sich manchmal frage: „Wenn meine morgige Versorgung von meiner heutigen Dankbarkeit abhinge, wie viel hätte ich dann morgen tatsächlich?“ Darüber gilt es einmal nachzudenken!

Dankbarkeit in Aktion

1. Welche „kleinen Dinge“ können Sie auf Ihrer begonnenen Dankesliste eintragen?

2. Einige Punkte auf Ihrer „Alles-Liste“ werden Ihnen bewusst machen, dass Sie vielleicht manche Menschen in Ihrem Leben für selbstverständlich halten. Suchen Sie heute Gelegenheit, ihnen in irgendeiner Form zu danken.

Tag 6:
Die Top 10

Bibellese:
Römer 11,33-36

Der ehemalige Direktor der *Columbia International University*, Robertson McQuilkin, berichtete von der Zeit, nachdem bei seiner Frau Alzheimer diagnostiziert wurde und nachdem sein ältester Sohn gestorben war. Er zog sich alleine in die Berge zurück, um sein Herz wieder neu auf Gott auszurichten und seine Liebe wiederzuerlangen, die durch die Hitze des persönlichen und tragischen Verlustes nach und nach „verdampft" war.

Es geschah bestimmt nicht innerhalb der ersten fünf Minuten, aber nach einem Tag des Gebetes und des Fastens begann Robertson, Gott einen Liebesbrief zu schreiben; darin zählte er die Segnungen auf, die er aus des Herrn Hand empfangen hatte; er lobte und pries Gott mithilfe von Stift und Papier. Im Laufe dieses Neubeginns entdeckte er zehn besondere Segnungen von Gott, die seine Vorstellung gänzlich überschritten und für die er keine angemessenen Worte finden konnte. Dinge, die für ihn so unvorstellbar wertvoll waren und ohne die er nicht leben konnte.

Das gefällt mir. Ich möchte Sie ermutigen, noch einmal Ihre Listen anzusehen. Suchen Sie sich die zehn besten Segnungen heraus, sozusagen die Highlights geistlicher Segnungen, für die Sie niemals ausreichend Dank äußern könnten, um zum Ausdruck zu bringen, was sie

Ihnen tatsächlich bedeuten und was sie über Ihren Retter aussagen.

Finden Sie heraus, ob Ihr Herz nicht wie das von Robertson McQuilkin erneuert werden kann durch das, was er „Reflexhandlung der Dankbarkeit" nennt. „Aus der sterbenden Glut flammte meine Liebe neu auf und mein Geist erhob sich. Ich entdeckte, dass Undankbarkeit arm macht – aber ein schweres Herz erhebt sich auf den Flügeln des Lobes."[2]

Dankbarkeit in Aktion

Da ein ganzes Leben nicht ausreicht, um für alle Segnungen zu danken, erinnern Sie sich das nächste Mal, wenn Sie durch traurige und sorgenvolle Gedanken niedergedrückt werden, an Ihre Top-zehn-Segnungen, stellen Sie diese in Ihren Fokus und beginnen Sie, Gott für die Dinge auf Ihrer Liste zu danken.

Tag 7:
Heilsame Dankbarkeit …
Sagen Sie es laut und deutlich

Bibellese:
Lukas 17,11-15

In Kapitel 3 haben wir uns schon mit Jesu Heilung der zehn Aussätzigen beschäftigt. Achten Sie heute aber einmal auf einige weitere Dinge, die den einen, der zum Danken zu Jesus zurückkam, von den anderen unterschied.

Erstens: Er kam mit lauter Stimme. Es war kein stilles oder privates Zweiaugengespräch mit Jesus irgendwo in einer ruhigen Ecke. „Einer aber von ihnen kehrte zurück, als er sah, dass er geheilt war, und verherrlichte Gott mit lauter Stimme“ (Lukas 17,15). Dieser Mann konnte seine Dankbarkeit einfach nicht zurückhalten. Dieses Ereignis schrie regelrecht nach einer hemmungslosen und öffentlichen Zurschaustellung von Dankbarkeit.

Ach, hätten wir doch einen ebenso dankbaren Geist wie dieser Mann. Würden wir doch ebenso laut unsere Stimme zum Dank erheben, so wie wir es tun, wenn wir um Hilfe bitten (alle zehn Aussätzigen baten um Hilfe), indem wir unseren Helfer wirklich anerkennen. Möge es so sein, dass wir unseren Dank genauso offen und ausdrucksstark aussprechen, wie wir es mit unseren Nöten tun!

Ich denke an meinen Vater, der, wie ich bereits erwähnte, oft sagte: „Es geht mir besser, als ich es verdiene." Oder wie meine liebe Freundin „Mama Johnson" immer sagte, die mittlerweile nach einem langen irdischen Leben mit 92 Jahren in die himmlische Herrlichkeit ziehen durfte: „Ich erlebe mehr Segen, als ich Probleme habe." Ich denke auch an die fröhlichsten und umgänglichsten Menschen, die ich kenne; diejenigen, mit denen ich gerne zusammen bin, weil sie ein Segen und eine Bereicherung für mein Leben sind. Es ist nicht so, dass sie weniger Probleme, eine lupenreine Lebensgeschichte oder nur offensichtliche Gründe für ein glückliches Leben hätten. Sie sind einfach diejenigen, die mit „lautester Stimme" danken, die nicht immer eine lange Litanei von Problemen, Beschwerden und Kritik aufsagen, sondern die beschlossen haben, dankbar zu sein. Sie wissen, dass sie bereits mehr bekommen haben, als sie verdienen. Der Herr erfüllt sie, aller bösen Absichten der Welt zum Trotz. Und sie erzählen immer wieder gerne davon.

Eine solche Person möchte ich sein. Wie ist es mit Ihnen?

Zweitens: Er kam nahe zu Jesus. Niemals können wir Jesus mehr nahen, als wenn wir in Demut kommen. Die zehn Aussätzigen, die Jesus trafen, „standen von fern" (vgl. Vers 12) – Aussätzige galten als kultisch unrein und durften sich denjenigen, die „rein" waren, nicht nähern. Der geheilte Aussätzige fiel aufs Angesicht zu Jesu Füßen und dankte ihm (Vers 16); er war der einzige von den zehn Männern, der Jesus wirklich nahe kam.

Dankbarkeit bringt uns in die unmittelbare Nähe Christi, wo wir voll und ganz seine erlösende Kraft erfahren und den Segen seiner Gegenwart spüren dürfen.

Drittens: Er kam von weit her. „Er war ein Samariter" (V. 16). Anders als wir, die wir kaum eine Zeit kennen, in der wir nicht um die Nähe und Kraft Gottes wussten, kannte dieser Mann den wahren Gott nicht, bis Jesus in seine Welt kam und sein Leben veränderte. Aufgrund der religiösen, kulturellen und physischen Kluft zwischen ihm und Jesus liebte er nun das, was er bei Jesus fand – aus nächster Nähe. Lieben Sie das, was Sie bei Jesus finden? Dankbarkeit wird die Distanz überbrücken und Sie zu Jesus hinziehen.

Denken Sie heute nicht nur über das nach, wofür Sie dankbar sein können, sondern auch über die Segnungen, die wir empfangen dürfen, wenn wir innehalten, um Gott und unseren Mitmenschen zu danken.

Dankbarkeit in Aktion

Halten Sie Ausschau nach einer Gelegenheit, um dem Herrn für das zu danken, was er in Ihrem Leben getan hat – und zwar laut und in der Gegenwart anderer. Sie brauchen Ihr Gebet nicht zu flüstern; machen Sie den Mund ruhig auf! Zuerst mögen Sie sich etwas unbehaglich fühlen, wenn Sie es nicht gewohnt sind, den Herrn auf diese Art und Weise zu loben. Aber bedenken Sie, wie Sie bei einer anderen Sache begeistert reagieren – sagen wir, wenn Sie einen Verlobungsring bekommen, befördert werden oder Ihr Kind beim Fußballspiel gewinnt.

Es geht nicht darum, lautstarke Anbetung „herauszurufen" – bei Gott müssen wir nicht laut sprechen, damit er uns hört. Aber wenn wir uns unserer Hoffnungs- und

Hilflosigkeit ohne ihn bewusst sind und seine verändernde Gnade und Befreiung buchstäblich begreifen, sollte dies mehr als ein gemurmeltes „Danke" hervorrufen!

Tag 8:
Dankbarkeit und Demut

Bibellese:
Jakobus 4,6-10

Die Massai in Westafrika wissen, dass Dankbarkeit und Demut eng miteinander verknüpft sind. Wenn sie „Danke“ sagen wollen, berühren sie den Boden mit ihrer Stirn und machen damit deutlich: „Mein Kopf ist im Staub.“

Mitglieder eines anderen afrikanischen Stammes äußern ihre Dankbarkeit ähnlich, indem sie sagen: „Ich sitze vor dir im Staub.“ Wenn jemand einem anderen seinen Dank ausdrücken möchte, setzt er sich deshalb stillschweigend für eine gewisse Zeit vor die Hütte der Person, der er danken möchte.

Demut ist eine der Eigenschaften, die man ausnahmslos bei dankbaren Personen immer findet. Dankbarkeit fließt aus einem demütigen Herzen, und ebenso sicher kann man sagen, dass ein undankbarer, nörgelnder Geist aus einem stolzen Herzen kommt.

Stolze Menschen sind mit sich selbst beschäftigt. Sie denken sehr viel an sich selbst und sehr wenig an andere. Wenn Menschen oder Umstände ihnen nicht passen, neigen sie dazu, zu klagen oder ärgerlich zu werden. Die heutige Bibelstelle erinnert uns daran, dass „Gott [...] den Hochmütigen (Stolzen) [widersteht]“ – er hält sie sozusagen am ausgestreckten Arm auf Abstand. Er steht in „Kampfaufstellung“ ihnen gegenüber.

Wenn wir uns allerdings dafür entscheiden, uns „selbst zu demütigen“, werden wir laut Jakobus 4 erhöht,

Gott wird sich uns nahen und seine Gnade in unser Leben fließen lassen. Sein Geist reinigt und heilt unsere Herzen, er gibt uns den Sieg über unser lautes, forderndes und tyrannisches Ich und macht es somit möglich, dass wir zu dankbaren Menschen werden, selbst in den herausforderndsten Situationen.

Demütige Menschen beschäftigen sich mit Christus. Ein demütiger Mensch denkt viel an Gott und andere und nur wenig, wenn überhaupt, an sich. Er erkennt, dass alles, was er hat, viel mehr ist, als er verdient. Er hat nicht das Gefühl, dass jemand ihm etwas schuldig ist. Er hat nicht den Anspruch auf mehr oder ein einfaches Leben oder dass jeder ihn liebt und gut behandelt. Er ist für die kleinste Kleinigkeit dankbar, die ihm zuteil wird, wissend, dass es mehr ist, als er verdient.

Dankbarkeit in Aktion

1. Erstellen Sie eine Liste mit den Dingen, über die Sie kürzlich „gejammert" haben, egal, ob es um andere Personen ging, die Sie genervt haben, um lästige Umstände, um Dinge, die Sie nicht bekommen haben (z. B. ein ungestörtes Mittagsschläfchen) oder um solche, die Sie lieber nicht bekommen hätten (z. B. eine Erkältung). Wie offenbaren sich ein stolzer Geist, Anspruchsdenken und Erwartungen durch Ihr Jammern?

2. Nehmen Sie sich heute Zeit, um vor dem Herrn still zu werden und zu sagen: „Ich sitze heute vor dir im

Staub." Vielleicht wollen Sie auch, wenn Sie in seine Gegenwart treten, Ihren Kopf zu Boden neigen und sich damit buchstäblich vor ihm demütigen. Bekennen Sie jeden Stolz, der durch Ihr Jammern, Ihre Reizbarkeit, Ihre Wut und Ihren Ärger offensichtlich wurde, und gestehen Sie, dass Sie nicht dankbar waren. Sagen Sie ihm demütig, dass Sie seine Güte nicht verdienen, und danken Sie ihm für besondere, kürzlich erlebte Segnungen, an die der Herr Sie erinnert, einschließlich der Dinge, über die Sie geklagt haben! (Wenn eine Situation durch Sünde oder etwas Böses entstand, fragen Sie Gott, wie er sie gebrauchen will, damit trotzdem noch etwas Positives in Ihrem Leben daraus entstehen kann, damit Sie Jesus ähnlicher werden.)

Tag 9: Dankbarkeit und Großzügigkeit

Bibellese:
2. Korinther 9,6-15

Dort, wo Dankbarkeit zunimmt, ist auch eine allgemein wachsende Großzügigkeit festzustellen. Dennoch ist Großzügigkeit eine der unnatürlichsten Eigenschaften überhaupt. Wir leben heute in einer Zeit, in der alles riskanter, explosiver und gefährlicher zu sein scheint als jemals zuvor und in der man der Meinung ist, dass dies nicht die Zeit sei, in der Geld oder andere Mittel locker sitzen. Die Finanzberater bestätigen uns, was wir ohnehin schon lange im Gefühl haben, nämlich: Schützen Sie das, was Sie haben, denn morgen könnte alles im Chaos versinken.

Dennoch zeigte Paulus eine überraschende Sorglosigkeit, was wirtschaftliche Aspekte angeht, als er die Gemeinde in Korinth ermunterte, Großzügigkeit sei der deutlichste Ausdruck ihrer Dankbarkeit. Sein Vertrauen in Gottes Versorgung war so groß, dass er sie als bereits „gegeben" erachtete, indem er sagte, dass die Gemeinde „in allem reich gemacht [werde] zu aller Freigebigkeit, die durch uns Danksagung Gott gegenüber bewirkt" (Vers 11; rev. Elb 1985). „Gott aber vermag euch jede Gnade überreichlich zu geben, damit ihr in allem allezeit alle Genüge habt und überreich seid zu jedem guten Werk" (Vers 8). In allem. Allezeit. Selbst in solchen Zeiten.

Dankbare Menschen sind großzügige Menschen. Diejenigen, die „umsonst empfingen", sind motiviert, „umsonst zu geben" (Matthäus 10,8).

Dankbarkeit in Aktion

1. Wo gehen Dankbarkeit und Großzügigkeit „Hand in Hand"? Können wir tatsächlich die eine Eigenschaft haben, ohne die andere zu besitzen?

2. Welche Tat(en) der Großzügigkeit könnten Sie heute zur Dankbarkeit motivieren? Bitten Sie Gott um Weisheit und Glauben, und dann geben Sie das, wozu der Heilige Geist Sie drängen mag.

Tag 10:
Unsichtbare Segnungen

Bibellese:
1. Korinther 2,6-11

Der schottische Prediger Alexander Whyte war für seine erhebenden Gebete von der Kanzel wohl bekannt. Er fand immer irgendetwas, wofür er danken konnte. Jedoch war eines Sonntags das Wetter so nass und düster, dass die Gemeindemitglieder unter sich sagten: „Heute, an diesem scheußlichen Tag, findet unser Prediger bestimmt nichts, wofür er dem Herrn danken kann." Zu ihrer aller Überraschung jedoch trat Whyte an diesem trübseligen Morgen auf die Kanzel und begann zu beten: „Wir danken dir, Herr, dass das Wetter nicht immer so wie heute ist."[3]

In Ihrem und meinem Leben gibt es Segnungen, die kein „Auge gesehen und kein Ohr gehört hat" (Vers 9) – unsichtbare Segnungen, weil sie nicht zu erkennen sind. Versuchen Sie heute, eine Liste mit so vielen dieser Dinge wie möglich zu erstellen.

Denken Sie zum Beispiel über die vielen Kilometer nach, die Sie bereits gefahren sind, ohne einen Platten gehabt zu haben. Denken Sie daran, dass niemals ein Ast vom Baum vor Ihrem Haus abgebrochen ist und damit Schaden verursacht hat. Oder an eine verführerische Sünde oder Gewohnheit, vor der Sie der Herr bewahrt hat. Vielleicht plagten Sie auch einige gesundheitliche Probleme, aber von vielen anderen blieben Sie verschont.

Schauen Sie sich alle Segnungen auf Ihrer stets länger werdenden Dankesliste an. Indem Sie immer wieder Rückschau halten, werden Sie feststellen, dass sie sich rasend schnell „vermehren".

Dankbarkeit in Aktion

Dankbarkeit kann (oder vielmehr sollte) uns dazu bringen, für unsere Mitmenschen im Gebet einzutreten. Beginnen Sie damit, Gott zu bitten, Ihnen die Augen für die Menschen zu öffnen, die unter Gegebenheiten oder Krankheiten leiden, vor denen Sie verschont blieben. Beten Sie heute für diese Menschen.

Tag 11: Das allergrößte Geschenk

Bibellese:
Römer 5,1-11

Als Christ erkennen Sie, dass die Rettung vor der zerstörerischen Kraft Ihrer Sünde und die Akzeptanz in Gottes Familie das Beste ist, was Ihnen jemals passieren konnte. Das gilt bereits jetzt und bis in alle Ewigkeit. Setzen Sie sich einmal hin und denken Sie eine Weile über diese Realität nach.

Leider stumpft im Laufe der Zeit unsere Wertschätzung für dieses wunderbare Opferwerk Christi immer mehr ab. Das Leben ist so ausgefüllt und kompliziert, dass wir manchmal wochenlang – oder noch länger – nicht mehr über unsere wunderbare Erlösung nachdenken.

Eine Freundin von mir umschreibt den bekannten Vers aus Römer 5,8 folgendermaßen: „Gott demonstrierte seine Liebe uns gegenüber darin, dass Christus für uns starb, als wir noch offen und feindlich gegen ihn rebellierten und keinerlei Interesse an ihm hatten – und nicht nur das, wir verachteten ihn sogar und alles, wofür er einstand." Wie könnten wir dafür nicht zutiefst dankbar sein? Gott sei Dank kann uns die Dankbarkeit wieder neu die Augen öffnen, wenn wir den schmutzigen Schleier der Klagen zur Seite schieben, damit Gottes Licht der Gnade und Herrlichkeit wieder neu in unser Leben scheinen kann.

Dankbarkeit in Aktion

Die Rettung durch Jesus Christus ist absolut glanzvoll, wie ein Diamant mit unzähligen brillanten Facetten. Welche geistlichen Segnungen aus der heutigen Bibellese können Sie noch in Ihre Liste „Segnungen von Gott" eintragen?

Tag 12:
Spürbare Dankbarkeit

Bibellese:
3. Johannes 1-4

Unzählige säkulare Studien und Forschungen bestätigen die Auswirkungen einer dankbaren Haltung auf unsere Gesundheit. Zwei Psychologen leiteten ein Forschungsprojekt über Dankbarkeit und Danksagung. Sie teilten einige Hundert Menschen in drei Gruppen auf und wiesen die Teilnehmer an, täglich Tagebuch zu führen. Die erste Gruppe schrieb einfach die Ereignisse des jeweiligen Tages auf. Die zweite Gruppe sollte nur ihre negativen Erfahrungen im Tagebuch festhalten. Die Personen aus der letzten Gruppe listeten jeden Tag das auf, wofür sie dankbar waren. Der „Dankbarkeits-Gruppe" wurde größere Wachsamkeit und Energie bestätigt, sie trieben mehr Sport und litten weniger unter Depressionen und Stress.[4] Für einen besseren Schlaf und weniger medizinische Probleme scheint Dankbarkeit auch beizutragen.

Der Apostel Johannes sagte seinen geliebten Söhnen und Brüdern in Christus: „Ich wünsche (bete), dass es dir in allem wohlgeht und du gesund bist, wie es deiner Seele wohlgeht" (Vers 2).

Damit hat er zweifellos Recht – wenn wir fröhlich im Herrn bleiben und dankbar für seine Segnungen sind, wird uns dies körperlich kräftigen und stärken. Wir haben keine Garantie für körperliche Gesundheit, wenn wir ein göttliches Leben führen, aber ein (geistlich) gesundes Herz kann viel zu unserem physischen und emotionalen Wohl beitragen. Was denken Sie, warum das so ist?

Dankbarkeit in Aktion

Seit mehr als zehn Tagen befinden wir uns nun auf unserer Reise zu mehr Dankbarkeit. Welche Unterschiede in Ihrem Allgemeinzustand und Ihrer Einstellung konnten Sie bislang feststellen? Schreiben Sie diese „Segnungen“ in Ihr Tagebuch.

Tag 13:
Dankbarkeit ab dem Nullpunkt

Bibellese:
Psalm 43,1-5

Wenn Sie im Herzen den Wunsch nach mehr Dankbarkeit verspüren, dann sind die Psalmen das Richtige für Sie – aber nicht etwa, weil Sie dort nur fröhliche und aufmunternde Worte finden würden. Viele, die sich mit den Psalmen beschäftigen, sind überrascht, dort die ganze Bandbreite der menschlichen Empfindungen zu entdecken. Sie erzählen von grausamen Belastungen, von tiefen Tälern der Depressionen und von Menschen, deren Leben kaum noch lebenswert erschien. Und dennoch sehen wir, wie unsere heutige Bibelstelle belegt, dass die Psalmen die einzig mögliche Lösung für Schwierigkeiten, Trauer, Schmerz und Verlust aufzeigen, nämlich, sich wieder Gott zuzuwenden, um ihn zu loben und ihm in Dankbarkeit zu nahen. Jeder andere Lösungsversuch erweist sich als leer und kurzlebig, unfähig, uns echte Hoffnung in unerträglichen Situationen unseres Lebens zu geben.

„Was bist du so aufgelöst, meine Seele, und was stöhnst du in mir? Harre auf Gott, denn ich werde ihn noch preisen, das Heil meines Angesichts und meinen Gott" (Psalm 43,5). „Mag auch mein Leib und mein Herz vergehen – meines Herzens Fels und mein Teil ist Gott auf ewig" (Psalm 73,26). „Denn einen Augenblick stehen wir in seinem Zorn, ein Leben lang in seiner Gunst; am Abend kehrt Weinen ein, und am Morgen ist Jubel da" (Psalm 30,6).

Es kann sein, dass Ihr Herz schreit: „Oh Gott, lass es Morgen sein!" Hoffen Sie weiter auf ihn, bis der Tag endlich anbricht. Selbst in der allerdunkelsten Nacht können Sie seinen Frieden und seine Ruhe erfahren – wissend, dass der Jubel am Morgen zurückkehren wird. Beschließen Sie, dass der Level Ihrer Freude nicht von der Gegenwart oder Abwesenheit eines Sturmes abhängt, sondern von Gottes Gegenwart. Entscheiden Sie, sich heute in ihm zu freuen.

Dankbarkeit in Aktion

Wählen Sie einige Psalmen aus – wenn auch zufällig – und lesen Sie sie im Laufe des Tages (möglichst laut). Beobachten Sie, ob nicht etwa Lob und Dank in Ihrem Herzen aufflammen.

Tag 14:
Dankbarkeit auf der Flucht

Bibellese:
Psalm 56

Der Psalm 56 ist eine Hymne des Lobes und Vertrauens, der Zuversicht und Kraft, der Anbetung und Dankbarkeit. Wenn in Ihrer Bibel Anmerkungen zu Beginn der ausgewählten Psalmen stehen, werden Sie feststellen, dass dieser hier unter weit weniger als idealen Umständen geschrieben wurde.

David war auf der Flucht vor König Saul, und als er von den Philistern in der Stadt Gath entdeckt und ergriffen wurde, tat er so, als sei er wahnsinnig, damit er nicht überstellt wurde. Hier sehen wir einen absolut verzweifelten Mann in einer ausweglosen Situation.

Dennoch, inmitten dieser intensiven und angsteinflößenden Lage konnte David sich voll und ganz unter Gottes Schutz stellen, und in dieser Beziehung mit Gott fand er die Kraft, sagen zu können: „An dem Tag, da ich mich fürchte – ich, ich vertraue auf dich ... was sollte Fleisch mir tun?“ (Verse 4-5). Er leugnete nicht die Realität, die er erlebte, aber er fand einen Grund, selbst im Schmerz dankbar zu sein, denn er wusste, dass der Herr alle seine Tränen in einen Schlauch goss (vgl. Vers 9).

Davids Fazit aus dieser Erfahrung lautete: „Ich werde dir Dankopfer einlösen, denn du hast meine Seele vom Tod errettet, ja, meine Füße vom Sturz, denn ich wandle vor dem Angesicht Gottes“ (Verse 13-14).

Vielleicht fällt es Ihnen heute schwer, für etwas dankbar zu sein. Vielleicht sehen Sie nur, was alles falsch gelaufen ist, was schmerzt und was andere Menschen Ihnen antun. Aber sehen Sie über Ihre Umstände und über Ihre Ängste hinaus, und bitten Sie Gott, Ihnen deutlich zu machen, was er inmitten all dessen tut.

Dankbarkeit in Aktion

Blättern Sie durch Ihre Listen der Segnungen und fügen Sie die hinzu, die Ihnen noch einfallen. Konzentrieren Sie sich auf die Segnungen, die Ihnen in Krisen am meisten Trost bringen.

Tag 15:
Opfer des Dankes

Bibellese:
Psalm 50,14-15,23

Wie wir bereits in Kapitel 8 gesehen haben – und wie Sie bestimmt auch aus eigener Erfahrung sagen können –, kostet Dankbarkeit auch manches Mal ein Opfer. Es gibt im Leben zahlreiche Gelegenheiten, in denen Dankbarkeit das letzte Gefühl ist, das man empfindet, wenn nichts in Ordnung oder dankeswert zu sein scheint.

Die Bibellese der letzten Tage hat uns darauf hingewiesen und, obwohl dies ein schwieriges Unterfangen ist, bete ich, dass Sie dem Herrn Ihr Herz öffnen und sich darauf einlassen können. Ich möchte Sie ermutigen, heute eine Liste mit allen schwierigen und komplizierten Dingen Ihrer momentanen Situation anzufertigen. Schreiben Sie sie so detailliert wie möglich auf.

Danach bitte ich Sie, diese Dinge nicht als Lasten oder Unmöglichkeiten einzuordnen, vielmehr sollten Sie diese Liste als Anlass zum Dank nutzen.

Diese Aufgabe scheint Ihnen seltsam vorzukommen – oder gar unmöglich! Wir können uns nicht vorstellen, Gott *für* Dinge zu danken, die sündhaft sind. Aber wir können Gott *in allem* danken, wissend, dass Gott immer noch Gott ist und alle Dinge in dieser gefallenen Welt gebraucht, um seine Absichten auszuführen. Zu diesen gehört die Heiligung seiner Kinder.

Ja, es ist ein Opfer, Gott zu danken angesichts der vor Ihnen liegenden Liste. Wahrscheinlich fühlen Sie sich nicht danach, dieses Opfer zu bringen. Aber genau das gefällt unserem Herrn. Und was noch mehr zählt, ist sein Versprechen denen gegenüber, die Dankbarkeit üben; er wird sie nämlich „das Heil Gottes sehen lassen" (Vers 23). Wenn Dankbarkeit die Grundlage Ihres veränderten Verhaltens und neuen Lebensstils wird – selbst unter Druck und in Schwierigkeiten –, werden Sie seine Hilfe auf eine neue und unglaubliche Weise erleben.

Beginnen Sie damit, zu entdecken, wie Gott diese Umstände in Ihrem Leben benutzt. Es kann sein, dass Sie dadurch von ihm abhängiger werden, mehr beten oder sich mehr auf seine Versprechen stützen.

Wenn wir den Herrn am „Tag der Not" (Vers 15) anrufen und es unser Anliegen ist, den Herrn zu verherrlichen, wird er mitten in unseren Nöten und Leiden wunderbare Dinge tun. Danken Sie ihm im Glauben, und er wird jede dieser Situationen gebrauchen, um sich zu verherrlichen.

Dankbarkeit in Aktion

Beten Sie für schmerzhafte Situationen und zerbrochene Beziehungen, die auf Ihrer Liste stehen. Bitten Sie Gott um Gnade und Weisheit für jeden einzelnen Punkt.

Bitten Sie Gott, Ihre Klage in Lobpreis zu verwandeln. Öffnen Sie Ihr Herz, damit Sie die Gelegenheiten erkennen, die seine Gnade hell erstrahlen lassen.

Tag 16:
Singen und Danken

Bibellese:
Psalm 30

Meine Mutter war eine außergewöhnlich begabte und klassisch ausgebildete Sängerin. Offensichtlich habe ich, was das angeht, die Gene meines Vaters geerbt. Die meisten würden sagen, er hatte eine bescheidene Singstimme. Dennoch nutzte er diese Stimme, um lautstark Loblieder zu singen. Er war nicht ängstlich oder gehemmt, wenn er sang, auch schien es ihm nichts auszumachen, was Menschen dachten, wenn sie ihm dabei zuhörten! Ich bin dankbar für sein Vorbild und habe immer versucht, es ihm gleichzutun.

Das Christentum ist ein „singender" Glaube. Über einhundert Mal finden wir Worte wie „singen" und „Lied" in der Bibel, allein mehr als 60-mal im Buch der Psalmen. Passenderweise werden die Psalmen „das Liederbuch des antiken Israel" genannt. Oftmals sangen die Psalmisten Klagelieder oder Sehnsuchtslieder. Meistens jedoch sangen sie ihrem Gott Lob- und Dankeslieder. Die Verse 4 und 12 unserer heutigen Bibellese verbinden beides miteinander: Singen und Danken.

Mehrfach habe ich mich schon gefragt, warum die Schrift so viel Wert auf gesungenes Lob für den Herrn legt und warum alle Gläubigen, unabhängig von ihrem Talent, aufgefordert werden, ihrem Herrn Loblieder zu singen. In der Bibel finden wir zahlreiche Beispiele über die kraftvollen Auswirkungen von musikalischem Lob.

(Beginnen Sie mit 2. Chronik 20,21-23, wo Gott den Israeliten großen Sieg gab, nachdem der Chor vor den Soldaten, die in den Kampf ziehen mussten, einen Anbetungsgottesdienst veranstaltet hatte!)

Es besteht kein Zweifel, dass der Teufel das an Gott gerichtete Lob verachtet. Es ist durchaus vorstellbar, dass er, bevor sein Stolz ihn seine Position kostete, vielleicht sogar im Himmel selbst einer der „Anbetungsleiter“ war und er darum so stark zu verhindern sucht, dass Gläubige durch Lieder und Instrumente Gott loben und anbeten.

Wenn ich zum Beispiel mit einer Frau spreche, die chronisch entmutigt oder depressiv ist, stelle ich gewöhnlich zwei Fragen. Erstens: „Lernen Sie Bibelverse auswendig?“ Und zweitens: „Singen Sie dem Herrn?“ Ich will damit nicht sagen, das seien die zwei „magischen Pillen“, die jede emotionale Krankheit heilen können; aber ich habe festgestellt, dass diese beiden Mittel der Gnade helfen, unser Herz wieder neu auszurichten und unseren inneren Frieden erneut herzustellen.

Auch habe ich oft erlebt, dass Gottes Gnade mein Herz wieder erfrischte, wenn ich ihm Lob- und Danklieder sang. In Zeiten, in denen ich niedergeschlagen oder entmutigt bin, öffne ich einfach mein Liederbuch und beginne zu singen. Manchmal weine ich dabei so sehr, dass ich kaum die Worte herausbringe. Aber während ich meinem Herrn singe, werden mein Herz und mein Verstand wieder neu auf seine Güte und Liebe ausgerichtet und ausnahmslos beginnt sich die dunkle Wolke zu heben. Sagen wir, ich singe bis sich die Wolken heben.

Dankbarkeit in Aktion

Kommen Sie der Aufforderung der heutigen Bibellese nach: „Singt dem Herrn ... und dankt seinem heiligen Namen“ (nach Psalm 30,4)! Singen Sie, unabhängig davon, ob es in Ihrem Herzen trübe oder sonnig ist! Wenn möglich, singen Sie genau in diesem Augenblick! Legen Sie eine CD ein oder schalten Sie Ihren MP3-Player an und singen Sie mit oder singen Sie dem Herrn ganz allein – er wird Ihre fröhlichen „Freudentöne“ lieben!

Singen Sie Lobeslieder, die Sie auswendig können oder holen Sie sich ein Liederbuch und singen Sie einige dieser Lieder von Charles Wesley, Isaac Watts, Fanny Crosby oder Frances Havergal! (Im Anhang habe ich einige meiner Lieblingslieder aufgelistet.) Eine Freundin erzählte mir kürzlich, sie lerne Loblieder auswendig, um sie während der Hausarbeit und anderer Verpflichtungen singen zu können. Eine tolle Idee!

Tag 17:
Glück ist …

Bibellese:
Sprüche 3,13-18

Um weiter Dankbarkeit in uns wachsen zu lassen, haben wir uns in den letzten Tagen viel mit den Psalmen beschäftigt. Dabei haben wir entdeckt, wie sich Menschen aus vergangenen Zeiten für Dankbarkeit anstatt für Bitterkeit entschieden.

Die Entscheidung zur Dankbarkeit gründet in göttlicher Weisheit, dem vorherrschenden Thema im Buch der Sprüche. Ich hörte einmal folgende Definition: „Weisheit ist die Fertigkeit des alltäglichen Lebens." Das Training unseres Herzens, dankbar zu sein für die Segnungen Gottes, ist verbunden mit dem Streben nach göttlicher Weisheit in allen Bereichen unseres Lebens.

Wenn der Schreiber der Sprüche die Vorteile der Weisheit herausstellt, wirbt er damit auch für die Werte aller anderen Gewohnheiten und Ordnungen in der Bibel. Da die Dankbarkeit in Aktion zu den grundlegenden Eigenschaften eines Christen gehört, glaube ich, dass diese Abschnitte, die uns zu einem weisen und göttlichen Leben auffordern, auch zu unserem Thema „Dankbarkeit" passen.

Darum gefällt mir auch der Ausspruch der heutigen Bibellese. Der Abschnitt beginnt und endet im Englischen mit dem Wort „gesegnet" und beschreibt damit den Typus Mensch, wie Gott sich ihn vorstellt und wozu er ihn fähig gemacht hat. Im Deutschen finden wir hier ein anderes Wort für das, was Gott uns anbietet; was er denen verspricht, die sich für Weisheit und Dankbarkeit entscheiden, und denen, die bewusst akzeptieren und glauben, dass seine Wege weitaus besser sind. Dieses Wort heißt: „glücklich".

Für die meisten Menschen hängt Glück mit den jeweiligen Umständen zusammen, in denen sie sich befinden – mit dem, was gerade in ihrem Leben geschieht. Jedoch für uns Christen ist Glück nicht vom Wetter, vom Aktienmarkt oder dem Erfolg unseres letzten Friseurbesuchs abhängig. Echtes Glück – unerschütterlicher innerer Friede, Zufriedenheit und Freude – entsteht, wenn wir uns die Segnungen Christi bewusst machen und ihm dafür danken.

Diese Art des Glücks möchte ich entdecken. Was ist mit Ihnen? Offensichtlich ist dies auch Gottes Wunsch für uns. Er will, dass wir tiefen, inneren Frieden haben; das ist das Los derer, die voll und ganz in Christus ruhen und zufrieden sind.

Wenn wir also den Herrn um ein dankbares Herz bitten, sollte es uns nicht überraschen, öfter als sonst ein Lächeln auf den Lippen zu haben, anspruchsloser zu sein und glücklich über Gott zu sein und darüber, was er in unserem Leben bewirkt.

Dankbarkeit in Aktion

Wir haben uns damit beschäftigt, was es heißt, unseren Dank Gott gegenüber „laut" auszusprechen. Vergewissern Sie sich, dass Ihre Zufriedenheit auch durch ein fröhliches und dankbares Herz bemerkbar ist.

Tag 18:
Der hohe Preis für Murren

Bibellese:
1. Korinther 10,1-13

In unserer heutigen Bibellese erinnert Paulus an das Volk Israel in der Wüste und stellt damit besonders vier begangene Sünden heraus, die alle schreckliche Konsequenzen nach sich zogen. Um welche vier Sünden handelt es sich hierbei?

- Vers 7
- Vers 8
- Vers 9
- Vers 10

Jede dieser Sünden hatte tragische Folgen. Wir können verstehen, dass Gott Götzendienst und sexuelle Sünden bestrafen musste. Allerdings ist es ernüchternd festzustellen, dass in einem Atemzug mit diesen anderen Sünden auch das Murren genannt wird (in manchen Übersetzungen mag hier auch „Klagen“ stehen). Gott nimmt sie jedoch alle gleich ernst!

Die in 1. Korinther 10,10 erwähnte Sünde bezieht sich auf die Ereignisse in 4. Mose 11,1; 4. Mose 14,1-28; und 4. Mose 16,11-35. Zum besseren Verständnis sollten Sie sich die Zeit nehmen, diese Abschnitte nachzulesen.

Immer dann, wenn ich diese Geschichten im Alten Testament lese, erkenne ich, wie sehr mein Murren und

Klagen dem Herrn missfällt (und wie gnädig er ist, mich nicht sofort wie die Israeliten zu bestrafen!).

Murren ist das krasse Gegenteil von Dankbarkeit. Murren beginnt – wie Dankbarkeit auch – im Herzen und ist an unseren Worten erkennbar. Es entsteht aus dem Gefühl der Unzufriedenheit – daraus, nicht zufrieden zu sein mit dem, womit Gott uns versorgt.

Philipper 2,14-15 sagt, dass wir alles ohne Murren tun sollen. Wenn wir das beherzigen, wird unser Leben Christi Licht in dieser dunklen Welt widerspiegeln.

Haben Sie sich der Sünde des Murrens schuldig gemacht? Wenn ja, dann bekennen Sie es dem Herrn, und bitten Sie ihn um Vergebung, indem Sie aufrichtig bereuen. Nehmen Sie sich vor, alles Klagen „auszuziehen“ und ein dankbares Herz „anzuziehen“.

Dankbarkeit in Aktion

Bitten Sie Gott für die nächsten 24 Stunden um Sensibilität und Wachsamkeit für Situationen, in denen Sie normalerweise murren oder klagen würden. Bitten Sie ihn um seine Gnade, dass Sie in Momenten der Versuchung danken, statt zu klagen. (Wenn Murren zu Ihren Gewohnheiten zählt, werden Sie es wahrscheinlich nicht an einem Tag los! Darin sollten Sie sich tagtäglich üben, bis sich Ihre Grundeinstellung von Murren auf Danken umstellt.)

Tag 19:
Menschen sind bedeutend

Bibellese:
Römer 1,8; 1. Korinther 1,4; Epheser 1,15-16;
Philipper 1,3-4; Kolosser 1,3-4; 1. Thessalonicher 1,2-3;
2. Thessalonicher 1,3

Der Apostel Paulus war ganz offensichtlich ein dankbarer Mensch. Der Grund hierfür ist, dass er niemals vergaß, was er Gott zu verdanken hatte. Auch vergaß er seine schwere Sünde gegen Gottes Heiligkeit und Gesetz sowie gegen die Gemeinde Jesu Christi nicht. Und er konnte niemals das Wunder begreifen, dass Gott sich ihm in seiner Gnade zugewandt hatte.

In seinem Leben sehen wir das Prinzip: „Schuld + Gnade = Dankbarkeit".

Beim Lesen der neutestamentlichen Briefe des Paulus an die verschiedenen Gläubigen und Gemeinden bemerkt man unwillkürlich seine zahlreichen Ausdrucksweisen der Dankbarkeit für geistliche Segnungen denen gegenüber, die in Christus sind: die Gnade Gottes, das Erlösungswerk Christi; die Vergebung der Sünden; das Geschenk des Geistes; das Vorrecht zum Dienst – diese Liste ließe sich noch länger fortführen.

Wenn Sie sich die Zeit genommen haben, obige Verse zu lesen, haben Sie gewiss festgestellt, dass Paulus für andere Menschen – besonders für Brüder und Schwestern in Christus, Mitdiener und Mitarbeiter – dankbar war. In seiner Korrespondenz (Paulus war ein eifriger Briefeschreiber) drückte er nicht nur allgemein Dank aus, sondern er nahm sich auch die Zeit, Einzelne besonders zu erwähnen und herauszustellen; er nannte den Grund seines Dankes und ließ die entsprechenden Personen auch wissen, wie viel ihm ihr Anteil an seinem Leben und Dienst bedeutete.

Die ausführlichste Aufzählung finden wir in Römer 16,1-16. Eigentlich wäre dies eine gute Gelegenheit, jetzt diese Stelle aufzuschlagen und nachzulesen (bestimmt ist es schon eine Weile her, dass Sie diesen Abschnitt gelesen haben ...). Unterstreichen Sie beim Lesen die Worte und Sätze, die beschreiben, warum Paulus für diese Gläubigen in Rom dankbar war, oder notieren Sie sie in Ihr Tagebuch.

Von den meisten Personen – deren Namen wir kaum aussprechen können – lesen wir wenig bis gar nichts mehr in der Bibel. Aus menschlicher Sicht hatte wohl keiner von ihnen die „Position" oder „Bedeutsamkeit" wie Paulus als Apostel. Warum erachtete es Paulus als wichtig – natürlich vom Heiligen Geist geleitet –, so viel wertvolle Zeit zum ausführlichen Schreiben eines so langen Abschnittes aufzuwenden? Ich denke, einer der Gründe hierfür war, dass er erkannte, dass Gott diese Menschen in seiner Güte gebraucht hatte, um ihm (Paulus) zu dienen. Zudem war ihm bewusst, dass kein Mensch nur für sich selbst leben kann – wir alle brauchen einander und durch gleichgesinnte Gläubige wird unser Leben reicher und wir erfahren mehr Segen.

Für Gott sind Menschen von Bedeutung. Ebenso sollten sie es auch für uns sein. Es ist wichtig, dass wir uns die Zeit nehmen, das anzuerkennen und wertzuschätzen, was auch weniger bekannte Menschen zu Gottes Reich und unserem Leben beitragen.

Durch das Vorbild des Apostels Paulus und das von anderen Personen wurde ich inspiriert, im Laufe der Jahre immer wieder Bestandsaufnahme meines „Dankbarkeitskontos“ zu machen und mich zu vergewissern, dass es ausgeglichen ist. Auch suche ich von Zeit zu Zeit nach besonderen Möglichkeiten, für die Menschen zu danken, die mein Leben bereichern, und auch ihnen gegenüber diesen Dank zum Ausdruck zu bringen. Ich bin davon überzeugt, dass sie dadurch ermutigt werden. Und im Gegenzug dazu müssen sie mich immer wieder „bremsen“, damit ich nicht stolz, unabhängig, isoliert und zu selbstständig werde.

Dankbarkeit in Aktion

1. Erstellen Sie eine Liste der Menschen, die Ihr Leben in irgendeiner Art und Weise beeinflusst haben. Z. B. derjenige, der Sie zu Jesus geführt hat, Ihre Eltern, andere Familienmitglieder, Pastoren, Lehrer, Trainer, Freunde, Mitarbeiter, Nachbarn, Autoren, Leiter von christlichen Werken ... Sie verstehen, was ich meine, nicht wahr?
   Denken Sie beim Aufschreiben der einzelnen Namen nach: „Habe ich ihr/ihm jemals dafür gedankt, wie er/sie sich von Gott in meinem Leben hat gebrauchen lassen?“ Machen Sie einen Haken neben dem Namen, wo Sie dies getan haben.

2. Beginnen Sie damit, Ihr „Dankbarkeitskonto“ auszugleichen. Versuchen Sie aber nicht, alles auf einmal

„abzuarbeiten". Fangen Sie mit einem an. Schreiben Sie heute einen Brief, machen Sie einen Telefonanruf, verfassen Sie eine E-Mail, in der Sie der Person danken, die Einfluss und Auswirkung auf Ihr Leben hatte. Dann machen Sie beim nächsten Namen weiter … dann beim nächsten … so lange, bis Sie jeder Person in Ihrer Aufstellung gedankt haben. Allerdings werden Sie zweifellos bis dahin weitere Namen auf Ihrer Liste hinzufügen! Und anschließend können Sie wieder von vorne beginnen.

Tag 20:
Dankbarkeit für zu Hause

Bibellese:
1. Timotheus 5,8; 2. Timotheus 1,3-5; Kapitel 3,14-15

Manchmal scheint es einfacher zu sein, Menschen zu danken, die wir kaum kennen, als unseren eigenen Familienmitgliedern. Liegt das vielleicht daran, dass wir sie so gut kennen (und sie uns!)? Vielleicht sind wir tatsächlich dankbar für sie, nehmen sie aber als selbstverständlich.

Innerhalb unserer vier Wände werden göttliche Charaktereigenschaften in allen Lebensbereichen sichtbar. Darum können wir nicht behaupten, Gott zu lieben, und dann unseren Angehörigen seine Liebe vorenthalten oder Bitterkeit ihnen gegenüber in unseren Herzen zulassen.

Meist ist es ja so, dass wir unsere „Freunde" aussuchen können, nicht aber unsere Familienmitglieder. Trotzdem sind wir aufgefordert, unsere Verwandten zu lieben und für sie zu sorgen – unabhängig von ihrer jeweiligen Persönlichkeit, ihren Eigenarten oder ihren Charakterschwächen. Und wir alle wissen, dass das nicht immer einfach ist!

Timotheus hatte eine gläubige Mutter und Großmutter (da fällt Dankbarkeit nicht schwer). Über seinen Vater wissen wir nicht viel, einige Bibellehrer glauben jedoch, dass er kein Christ war. Vielleicht stand er hinter dem Glauben seiner Frau und seines Sohnes, vielleicht aber auch nicht. Obgleich dies keine „ideale"

Familiensituation war (was ist schon ideal?!), hatte Timotheus doch allen Grund, für seine Familie dankbar zu sein.

Unabhängig von Ihrem Familienerbe sollten Sie erkennen, dass Ihre Verwandten kein Resultat eines „genetischen Zufalls“ sind, sondern dass Gott Sie in seiner Souveränität in diese Familie gestellt hat, und dass er Ihre Familie – mit allen Ecken und Kanten – dazu gebrauchen möchte, um Sie zu heiligen und in das Ebenbild seines Sohnes zu formen.

Wenn Sie lernen, diese Wahrheit anzunehmen, werden Sie ein dankbares Herz für Ihre Angehörigen entwickeln.

Dankbarkeit in Aktion

1. Nehmen Sie sich heute vor, Ihren Angehörigen zu danken. Schreiben Sie die Namen Ihrer nächsten Verwandten auf (Ehepartner, Eltern, Kinder, Geschwister etc.). Notieren Sie neben den einzelnen Namen die Besonderheiten der entsprechenden Person, für welche Sie besonders dankbar sind.

2. Nehmen Sie sich Zeit, Gott für jedes Ihrer Familienmitglieder zu danken. Suchen Sie sich anschließend ein oder zwei Personen heraus, denen Sie heute Ihren Dank ausdrücken können – persönlich, telefonisch oder durch eine Notiz oder E-Mail. Sie könnten in etwa so beginnen:

Heute habe ich Gott für Dich gedankt. Und ich möchte Dir sagen, dass ich dankbar bin, dass Du zu unserer Familie gehörst. Besonders liebe ich an Dir, dass ...

(Hinweis: Vielleicht möchten Sie jemandem in Ihrer Familie danken, bei dem es Ihnen schwerfällt, sie/ihn zu lieben.)

Tag 21: Familienangelegenheiten

Bibellese:
Sprüche 21,2-9

Wenn Sie oben genannte Bibelstelle genau gelesen haben, wissen Sie bereits, um welchen Vers es mir heute geht: „Besser auf dem Dach in einer Ecke wohnen als eine zänkische Frau und ein gemeinsames Haus“ (Vers 9). Ja, es ist mir ernst, vor den Gefahren unserer Zungen zu warnen, denn sie sind aufbrausend, aggressiv und unzufrieden.

Aber wenn wir diese Warnung ernst nehmen, dann sollten wir auch die andere Seite betrachten. Wenn es nämlich stimmt, dass wir aufgrund unserer Dankbarkeit glücklichere Menschen sind, dann sollte diese Dankbarkeit ebenfalls auf die Menschen unserer Umgebung „abfärben“.

Streben Sie in dem Maße nach dem ersten Teil des Verses, wie Sie letzteren ablehnen: „Die Weisheit der Frauen baut ihr Haus, aber die Narrheit reißt es mit eigenen Händen nieder“ (Sprüche 14,1). „Gelassenheit der Zunge ist ein Baum des Lebens, aber Falschheit in ihr ist der Zerbruch des Geistes“ (Sprüche 15,4). „Eine tüchtige Frau ist die Krone ihres Mannes, aber wie Wurmfraß in seinen Knochen ist eine schandbare“ (Sprüche 12,4).

Die neubelebte Kraft eines dankbaren Herzens ist viel kraftvoller, als wir es uns vorstellen können, während Bitterkeit und Probleme einfach nur zerstörerisch sind. „Freundliche Worte sind Honig, Süßes für die Seele und

Heilung für das Gebein" (Sprüche 16,24). Wir wollen darauf achten, dass unsere Worte diese Wirkung haben.

Dankbarkeit in Aktion

Bitten Sie Gott, heute über Ihr Herz – und Ihre Zunge – zu wachen. Immer dann, wenn Sie sich Worte sagen hören, die aufbrausend, klagend oder kritisch sind statt gnädig, sanft und göttlich ... dann halt! Bitten Sie Gott um Verzeihung. Und bitten Sie auch die Menschen um Vergebung, über die und zu denen Sie diese Worte gesagt haben.

Tag 22:
Glücklich mit dem, was wir haben

Bibellese:
Sprüche 30,7-9

Dankbarkeit und Zufriedenheit sind nicht dasselbe, aber sie sind nahe genug miteinander verwandt, dass man sehen kann, wie sie zusammen in unseren Herzen wirken. Dieser Abschnitt aus den Sprüchen bringt die beiden in direkten Zusammenhang.

Möglich, dass Sie von einigen Pastoren und Lehrern gehört haben, die die Ansicht vertreten, Gott wolle materiellen Reichtum für jeden Christen. Andere jedoch fallen auf der anderen Seite vom Pferd, indem sie stolz ihre Armut wie einen Mantel der selbstgerechten Heiligkeit zur Schau tragen. Die heutige Stelle aus den Sprüchen gibt uns in dieser Angelegenheit die richtige Perspektive.

Dieses Wort lehrt uns, dass es uns nicht darum gehen sollte, die wirtschaftliche Leiter hoch- oder runterzuklettern, sondern dass wir dankbar für unsere Stellung sein sollten, und zwar nicht nur, weil es sündig oder stolz ist, sondern auch, um uns eventuell vor etwas zu bewahren, indem er uns nicht das gibt, was wir wollen. Selbst wenn wir viel weniger als andere besitzen – weder Geld noch dessen Mangel wird unsere zufriedene Abhängigkeit von Gott erschüttern, solange unser Herz voll Dank ist.

Dankbarkeit in Aktion

Geld ist nicht alles, aber unser Verlangen danach und nach dem, was wir damit kaufen könnten, kann mit Sicherheit unsere Dankbarkeit dämpfen. Bitten Sie den Herrn, Ihnen eventuelle Wurzeln der Unzufriedenheit oder „Geldliebe" in Ihrem Herzen zu zeigen. Bitten Sie ihn, Sie mit dem zu versorgen, was Sie seiner Ansicht nach brauchen – genug, um Sie vor Versuchung zu bewahren, sich das zu beschaffen, was Sie Ihrer Meinung nach brauchen; aber nicht so viel, dass Sie sich nicht mehr auf ihn als Ihren Versorger verlassen müssten. Nehmen Sie sich Zeit, ihm heute für seine praktische und materielle Versorgung in Ihrem Leben zu danken.

Tag 23:
Dankbarkeit ist immer ausreichend

Bibellese:
1. Timotheus 6,6-10

Als der Industrielle Andrew Carnegie, der reichste Mensch seiner Zeit, bei seinem Tod im Jahr 1919 einem Angehörigen eine Million Dollar hinterließ, wurde dieser regelrecht zornig und bitter gegenüber seinem Wohltäter und der Tatsache, dass Carnegie gleichzeitig 365 Millionen Dollar wohltätigen Stiftungen hinterließ.

Oberflächlich betrachtet, ist das kaum nachzuvollziehen. Wie kann jemand eine Million Gründe zur Dankbarkeit haben und gleichzeitig 100 Millionen Dinge aufzählen, bei denen er seiner Meinung nach zu kurz gekommen ist? Aber haben wir nicht alle das gleiche Anspruchsdenken Gott gegenüber? Wie oft erwarten oder verlangen wir „mehr" als den Überfluss, den wir bereits besitzen?

Einfach weil wir immer wieder vergessen, dass Gott uns nichts schuldig ist. Wir sind die Schuldner. Wir sind diejenigen, die schulden. Da wir der Ansicht sind, wir verdienten mehr (oder etwas anderes oder Besseres), als es der Fall ist, vergessen oder minimieren wir bereits erhaltene und künftige Segnungen Gottes in unserem Leben. Wir sind unzufrieden mit unserem Essen, mit unserer Kleidung, dem Dach über unserem Kopf; wir jammern und klagen, dass wir nicht ein bestimmtes Haus besitzen, ein bestimmtes Auto fahren, einen bestimmten Beruf ausüben, eine bestimmte Ehe führen, bestimmte

Freunde haben oder in einer bestimmten Nachbarschaft und Einkommensgruppe leben.

Wir unterscheiden uns gar nicht so sehr von Carnegies undankbarem Erben. Es ist an der Zeit, dass wir Dankbarkeit zu unserer Fahrkarte zur Freiheit machen. Es stimmt schon: Dankbarkeit bringt uns an einen Ort der einfachen Zufriedenheit.

Dankbarkeit in Aktion

Welche Ihrer Wünsche definieren Sie als Bedürfnisse? Bitten Sie Gott, Ihnen zu zeigen, wo Sie blind für seine Gnade geworden sind. Decken Sie es auf. Bekennen Sie es. Und tauschen Sie sie gegen den Segen, den Gott denen verheißt, die dankbar sind.

Tag 24:
Eine Frau nach dem Herzen Gottes

Bibellese:
Ruth 2,1-13

Wenn es um gute Vorbilder geht, denen wir nacheifern sollten, so empfinde ich, wann immer ich die biblische Geschichte von Ruth lese, das Beispiel dieser Frau als unbedingt nachahmenswert. Ruth hatte ein demütiges Herz – eine Tugend, die eine Folge von Dankbarkeit ist. Sie bestand nicht auf ihren Rechten. Sie verlangte nicht, dass Boas für ihren Lebensunterhalt aufkam, indem er ihr erlaubte, auf seinen Feldern Ähren zu lesen. Und weil sie ihre Ansprüche unter ihre Erwartungen stellte, konnte sie außerordentlich dankbar sein, als sie tatsächlich in den Genuss seiner Großzügigkeit kam. Die Verse 10 und 13 zeigen keine falsche Schmeichelei, sondern den Ausdruck eines Herzens in tiefer demütiger Dankbarkeit.

Zu viele von uns haben die Vorstellung, die Welt schulde uns etwas. „Du solltest das für mich tun. Du solltest mir dienen. Du solltest meine Bedürfnisse erfüllen." Aber das demütige – dankbare – Herz sagt: „Ich verdiene es nicht, und es ist ein erstaunlicher Gnadenerweis, dass du dich meiner Bedürfnisse annimmst."

Nachdem ich einmal über die Geschichte von Ruth nachgedacht hatte, schrieb ich Folgendes in mein Tagebuch: „Oh Gott, bitte mache mir wieder neu bewusst, in welchem Zustand ich war, als du mich angenommen hast und wo ich ohne dich wäre. Nimm mir bitte meinen Stolz und meine Ansprüche und kleide mich in Bescheidenheit, Demut und Dankbarkeit. Reinige mich von mir selbst und gib mir Jesu liebenden und gnädigen Charakter."

Ruth ging einfach nur hinaus, um mit einem demütigen und dankbaren Herzen zu dienen. Das Ergebnis war, dass Gott sich selbst um ihre Bedürfnisse kümmerte. Er wird das Gleiche für Sie tun.

Dankbarkeit in Aktion

1. Wen kennen Sie, der zu jeder Zeit Dankbarkeit ausstrahlt? Was macht diese Menschen so besonders? Was können Sie von deren Vorbild lernen?

2. Schreiben Sie Ihr eigenes Gebet über Ruths Vorbild in Ihr Tagebuch. Bitten Sie Gott, dass Ruths Charaktereigenschaften Ihnen als Bespiel dienen.

Tag 25:
Ein Feiertag zum Danken

Bibellese:
5. Mose 8,1-10

Historiker haben verschiedene Ansichten in Bezug auf das erste Thanksgiving-Fest in den USA. Einige Einzelheiten sind jedoch nachweislich wahr. Wir wissen, dass die Reise der Pilgerväter schrecklich hart war, oft waren Krankheit und Stürme Begleiter auf dieser beschwerlichen, wochenlangen Überfahrt von Holland über England, bis in die Neue Welt. Weiter wissen wir, dass sie nach ihrer Ankunft im Wettlauf gegen den einbrechenden Winter schnellstens Bäume fällen mussten, um sich Unterkünfte zu bauen. Fast die Hälfte derer, die sich auf die Reise begeben hatten, überlebten das alles nicht. Mit Sicherheit hoben die Pilgerväter mehr Gräber aus, als sie Hütten bauten.

Und obwohl sie jeden Tag ums nackte Überleben kämpfen mussten und getrieben waren von den verzehrenden Sorgen um ihre Familien, zeugen ihre Berichte doch von einer dankbaren Haltung.

Seit die Mayflower angelegt hatte, trafen sich die Pilgerväter Jahr für Jahr jeden Sonntag (sowohl in mageren als auch in überreichen Jahren), um zu beten, sich zu erinnern, Loblieder zu singen und eine Predigt zu hören. Es war eine sich wiederholende Praxis, um Gott zu Beginn einer jeden neuen Woche zu danken.

Obwohl sie ihre Rationen halbieren mussten – weil ihre Getreidelager für die ersten langen Winter nicht ausreichten, schrieb William Bradford, dass sie am eigenen Leib erfuhren, was in 5. Mose 8,3 steht: „Der Mensch [lebt] nicht vom Brot allein [...]. Sondern von allem, was aus dem Mund des Herrn hervorgeht, lebt der Mensch.“[5]

Als dann im Laufe der Jahre die Ernten reichlicher ausfielen, kehrten sie Gott nicht etwa den Rücken, weil sie nun alles alleine schaffen würden. Edward Winslow schrieb: „Nachdem wir nun die vielen Liebesbeweise (und Akzeptanz) von Gott gesehen hatten, dachten wir, es wäre ein Zeichen der Undankbarkeit, wenn wir uns nun damit zufrieden geben würden, wenn jeder für sich im stillen Kämmerlein danken würde. ... Darum legten wir einen Feiertag fest ..., an dem wir unserem Gott Herrlichkeit, Ehre und Lob voller Dankbarkeit darbrachten, weil er uns so barmherzig behandelt hatte.“[6]

Diese Pilgerväter sind uns ein wunderbares Vorbild, weil sie sich für Dankbarkeit entschieden hatten, sowohl in Zeiten des Überflusses als auch in Zeiten der Not.

Dankbarkeit in Aktion

Nutzen Sie heute ihre Gebetszeit, indem Sie über Gottes Treue in Ihrem Leben, in Ihrer Familie und in Ihrer Gemeinde nachdenken. Erstellen Sie eine Liste von notvollen Situationen und Zeiten, in denen Sie seinen Schutz und seine Fürsorge erlebt haben.

Tag 26:
Aufruf zur Dankbarkeit

Bibellese:
Esra 3,8-13

Auf dem Höhepunkt des Bürgerkrieges am 3. Oktober 1863 verfasste Präsident Abraham Lincoln eine Proklamation über Thanksgiving, den Tag, den die Nation als „Tag des Dankens und Lobens“ feiern sollte. Diese Proklamation war Grundlage für die Einführung des Thanksgiving-Feiertages.

Am Anfang des Dokumentes wurden zahlreiche Segnungen aufgezählt, die die Nation im Laufe des Jahres erlebt hatte – selbst inmitten eines gewaltigen Konfliktes. Es berief das amerikanische Volk, die Quelle der Segnungen zu erkennen und gemeinsam dem Geber in Dankbarkeit, Reue und Fürsprache zu begegnen. Hier ein Auszug:

> *Weder menschlicher Rat noch die Hand eines Sterblichen konnte sich diese großartigen Dinge je ausdenken. Obwohl er sich mit unseren Sünden im Zorn abgeben musste, sind dies Gnadengeschenke des allerhöchsten Gottes, der trotz allem nicht vergaß, uns barmherzig zu sein.*
> *Es schien mir passend und angemessen, dass das gesamte amerikanische Volk einmütig und einstimmig dieser Segnungen feierlich, ehrfurchtsvoll und dankbar gedenken sollte. Daher lade ich meine Mitbürger aus jedem Teil der Vereinigten Staaten ein, ... sich den letzten Donnerstag im November freizuhalten als einen Tag des Dankens und Lobens für unseren wohltätigen Vater, der im Himmel ist.*

Und ich schlage jedem vor, dass wir dies in demütiger Buße tun wegen des Eigensinns und Ungehorsams unseres Volkes ... Wir flehen inbrünstig um das Eingreifen des Allmächtigen, um die Wunden unserer Nation zu heilen und sie, wenn es seinem göttlichen Willen entspricht, erneut aufzurichten, damit wir uns wieder an Frieden, Harmonie, Ruhe und der Einheit erfreuen können.

Vor dem Hintergrund eines entzweienden Konfliktes in den 1860er-Jahren war der Führer des amerikanischen Volkes demütig genug, um zu wissen, dass sie alle Gott brauchten und dankbar bleiben mussten. Heute brauchen wir solch eine Herzenzhaltung nicht weniger als damals.

Der Ruf nach Dankbarkeit geht über die Kirchen und Gemeinden hinaus, er gilt für alle Lebensbereiche. Beten Sie heute, dass ein demütiger, dankbarer und bußbereiter Geist sowohl in unsere Herzen als auch in die Herzen derer einzieht, die in Führungspositionen sind.

Dankbarkeit in Aktion

1. Sie halten sich vielleicht nicht für jemanden, der gut schreiben kann. Das ist schon okay. Dennoch möchte ich Sie heute auffordern, Ihre eigene „Dankbarkeitserklärung“ aufzusetzen. Schreiben Sie das auf, was der Herr Ihnen im Laufe der letzten Wochen wichtig machte. Schreiben Sie ebenfalls die Schriftstellen auf, die Sie besonders berührt haben. Und lassen Sie Ihr Leben das widerspiegeln, was Ihre Worte aussagen.

2. Es reicht nicht, dass Sie Ihre Dankbarkeitserklärung für sich behalten. Erzählen Sie Ihrer Familie oder einer/einem engen Freund/in davon. Posten Sie sie auf Facebook, verschicken Sie sie per E-Mail an Ihre Freunde. Entzünden Sie ein Dankbarkeitsfeuer, indem Sie die, die Sie lieben und die Ihnen wichtig sind, zu einer dankbaren Einstellung ermutigen.

Tag 27:
Zwischenbericht über Ihre Dankbarkeit

Bibellese:
1. Timotheus 4,11-16

Wir nähern uns dem Ende unserer 30-tägigen Reise zur Dankbarkeit. Heute machen wir ein kleines Quiz, um festzustellen, welche Auswirkungen in Ihrem Leben bislang zu sehen sind, wo Dankbarkeit gewachsen ist und an welchem Punkt Sie vielleicht noch arbeiten müssen. Versuchen Sie, die folgenden Fragen offen in Ihrem Tagebuch zu beantworten – nicht nur einfach mit „Ja" und „Nein", sondern so detailliert wie möglich.

1. Klage ich oft über meine Umstände, und bin ich der Ansicht, das hätte ich nicht verdient?

2. Hören meine Mitmenschen mich öfters klagen und negative Bemerkungen machen, als dass ich mich dankbar über Alltäglichkeiten äußere?

3. Würden mich andere Menschen als dankbar bezeichnen?

4. Welchen Beweis gibt es dafür, dass ich eine dankbare Einstellung habe (oder eine undankbare)?

5. Wie oft beginne ich Aussagen mit: „Ich bin so dankbar, dass ..."?

6. Welchen Eindruck erwecke ich: einen pessimistischen und negativen oder eher einen positiven und dankbaren?

7. Bin ich zurückhaltend oder eifrig, wenn es darum geht, Mitmenschen meine Anerkennung auszudrücken?

8. Das letzte Mal habe ich Dank geäußert, als ...

Dankbarkeit in Aktion

Wie ich bereits erwähnte, hat Gott während des Schreibens dieses Buches neu an meinem Herzen gearbeitet, was das Thema „Dankbarkeit" in meinem Leben angeht. Aber ich musste willig sein, mich selbst zu demütigen, meine Not bekennen und um Gebet und Hilfe bitten. Auch musste ich bereit sein, denen, die mir nahe standen, Rechenschaft abzugeben. Denken Sie daran: Unsere Herzen können sich nicht ändern, wenn seine Gnade nicht in uns den Wunsch weckt, ihm zu gefallen. Und Gott gießt seine Gnade über den Demütigen aus.

Wenn Sie es bislang noch nicht getan haben, dann überlegen Sie, ob Sie nicht die Herausforderung annehmen wollen, jemandem Rechenschaft über Ihre Dankbarkeit abzugeben, damit Ihnen geholfen wird, Ihrem Vorhaben treu zu bleiben, während Sie andererseits auch zu deren Unterstützung da sein können.

Tag 28:
„Dankbarkeitskonto"

Bibellese:
Philipper 1,3-11

Ich habe festgestellt, dass fast alles das, was ich zuvor nicht fest in meinen Tagesablauf einplane, einfach nicht erledigt wird. Wenn ich es versäume, eine bestimmte Sache gleich morgens oben auf meine Prioritätenliste zu setzen, geht sie meist unter, weil der Alltagsstress keinen Raum dafür lässt.

Wenn der Ausdruck von Dankbarkeit uns in Fleisch und Blut übergegangen ist, betrachten wir es nicht länger als eine willkürliche Angelegenheit. Wenn diese Sache niemals über unseren „frommen" Wunsch hinausgeht und sich nicht tief mit allen unseren anderen Wünschen in unser Bewusstsein einnistet – schöne Dinge, die wir „irgendwann einmal" hoffen, tun zu können –, dann wird der „Tag der Dankbarkeit" niemals auf unserem Kalender erscheinen. Es wird nur ein netter Wunsch bleiben, aber niemals zur Praxis werden.

Deshalb möchte ich Sie ermutigen, Dankbarkeit als eine zu „zahlende" Schuld zu betrachten, so wie Ihre monatlichen Rechnungen, die beglichen werden müssen. Öffnen Sie Ihr Tagebuch auf der Seite „Dankbarkeitskonto", wo Sie verschiedene Einzelpersonen aufgelistet haben, denen Sie Dank schulden.

Wenn Sie das tun, dann nehmen Sie sich für heute vor, eine Freundin anzurufen, um ihr einmal für ihre Ermutigung in schwerer Zeit zu danken. Oder wenn Sie heute

Nachmittag im Fitnessstudio Ihre Trainerin sehen, dann gehen Sie zu ihm und danken Sie ihm für seine Ermutigung, Ihr Trainingsprogamm durchzuhalten. Sollte der Herr Ihnen eine Möglichkeit aufzeigen, jemandem heute Abend schnell mal ein „Dankeschön" zu schreiben, dann können Sie sich eine Person aus Ihrer vorbereiteten Liste herauspicken.

Wir alle haben ein „Dankbarkeitskonto". Nur leider messen ihm viele von uns nicht so viel Bedeutung bei, um es immer wieder auszugleichen. Achten Sie also darauf, dass Sie jemand sind, der seine Rechnungen begleicht.

Dankbarkeit in Aktion

Wen sollten Sie heute auf Ihrer „Dankbarkeitskonto-Liste" ergänzen? Welche Dankes-Schuld müssten Sie heute begleichen?

Tag 29:
Kinder zur Dankbarkeit erziehen

Bibellese:
5. Mose 6,1-12

Gottes Absicht, uns Christus ähnlicher zu machen, ist nicht primär zu unserem eigenen Nutzen, sondern zur Inspiration anderer, damit sie den Segen erkennen, der durch das Vertrauen auf den Herrn entsteht.

Wenn Sie Kinder haben, wissen Sie, dass Dankbarkeit – wie meist alle Tugenden – nicht von alleine entsteht. Aber es gibt nichts Schöneres als Kinder, die durch ihre dankbare und zufriedene Haltung auffallen. Wenn wir es schaffen, das in sie hineinzulegen, wird das jeden Aufwand wert sein.

Während wir unsere Kinder zu wachsender Dankbarkeit anleiten und erziehen, sind wir (natürlich) das beste Vorbild. Hören Ihre Kinder, dass Sie Ihrem Mann für die Reparaturarbeit im Haus oder für die Überprüfung des Ölstandes beim Auto danken? Hören sie, dass Sie dem Herrn oder anderen Menschen für kleine und große Dinge danken? Sagen Sie ihnen, wie dankbar Sie für ihren Vater sind, für Ihre Gemeinde und Ihren Pastor, die Lehrer Ihrer Kinder, das Haus, in dem Sie mit Ihrer Familie leben, Ihre Gesundheit und für Gottes überreichen Segen in Ihrer Familie? Oder hören sie Sie klagen, wenn Ihr Mann sich zum Abendessen verspätet, weil er noch zu einem weiteren Kunden muss, Sie einen Platten haben oder die Sonne nach einer Woche immer noch nicht scheint?

Wie viele andere wichtige Tugenden fällt praktizierte Dankbarkeit am ehesten auf, wenn sie ausgeübt wird. Wie „ansteckend“ sind Sie – besonders zu Hause?

Dankbarkeit in Aktion

1. Nehmen Sie sich die Zeit, um mit Ihren Kindern darüber zu sprechen, wie viel Wert Gott auf Dankbarkeit legt. Sagen Sie ihnen, dass sie damit rechnen sollten, bei Ihnen einige Veränderungen in Bezug auf Ihre Dankbarkeit zu bemerken.

2. Wenn Sie keine eigenen Kinder haben: Wen hat Gott in Ihren Einflussbereich gestellt? Was vermitteln Sie diesen Personen in Bezug auf Dankbarkeit in Ihrem Leben?

Tag 30:
Fortsetzung von Dankbarkeit

Bibellese:
Galater 5,16-24

Auf unserem Weg zu einem neuen Lebensstil der Dankbarkeit wollen wir uns heute einige Ziele setzen, die wir mit Gottes Hilfe erreichen möchten; lassen Sie uns dabei die einzelnen Schritte zum Erreichen dieser Ziele präzisieren.

Wenn Sie sich zum Beispiel vornehmen, öfters Dankesbriefe zu schreiben, dann überlegen Sie, wie viele in einer Woche oder in einem Monat realistisch wären. Welche Bibelstellen zum Thema „Dankbarkeit" wollen Sie auswendig lernen und über welche wollen Sie eingehender nachdenken? Wen wollen Sie bitten, Sie immer wieder zu fragen, welche Fortschritte Sie auf dem Weg zu mehr Dankbarkeit machen?

Vergessen Sie nicht: Das Ganze soll keine zusätzliche Last sein, um Ihr tägliches Leben noch komplizierter zu machen und Ihnen Zeit zu rauben. Als Gläubige sind wir von den erdrückenden Anforderungen des Gesetzes befreit. Wenn wir in Christus sind, dürfen wir nach einem gottgefälligen Leben aus Dankbarkeit für empfangene Gnade trachten. Wir haben durch seinen Geist die Kraft, seinem Willen von Herzen zu folgen. Widerstehen Sie jedem Versuch des Satans, Sie wieder gefangen zu nehmen, und sei es durch gute Gewohnheiten und Taten.

Während Sie in der Dankbarkeit wachsen, werden Sie so reich belohnt werden und geistliche Erkenntnisse erlangen, dass Sie es nicht als Belastung empfinden werden. Was auch immer Sie zuvor als anstrengend erachteten, wird bald einer Freiheit weichen und Sie mit Leidenschaft erfüllen.

Sind Sie bereit, die lebensverändernde Kraft christlicher Dankbarkeit zu erleben? Dann bitten Sie den Herrn, Ihnen zu zeigen, welche weiteren Schritte Sie gehen sollen.

Dankbarkeit in Aktion

1. Seien Sie mutig und haben Sie Glauben, aber fürchten Sie sich nicht, in kleinen Schritten auf Ihr Ziel hin zu gehen. Versuchen Sie trotzdem, Ihren Plan zu mehr Dankbarkeit energisch durchzusetzen.

2. Schreiben Sie ein einfaches Gebet auf, in dem Sie dem Herrn Ihren Wunsch mitteilen, ein radikal dankbareres Leben zu führen. Danken Sie ihm für seine übernatürliche Gnade, die Ihnen hilft, „überströmend in Danksagung" zu sein.

Anmerkungen

[1] Ellen Vaughn, *Radical Gratitude* (Grand Rapids : Zondervan, 2005), 10. (aus dem Vorwort von Charles W. Colson).

[2] R. J. Morgan, *Nelson's Complete Book of Stories, Illustrations, and Quotes*, electronic ed., S. 814, Thomas Nelson, Nashville 2000.

[3] Paul Lee Tan, *Encyclopedia of 7.700 Illustrations*, S. 1456, Assurance Publishers, Rockville, 1979.

[4] R. A. Emmons and M.E.McCullough, „Counting Blessings Versus Burdens: Experimental Studies of Gratitude and Subjective Well-Being in Daily Life", *Journal of Personality and Social Psychology* 84, 377-89, 2003.

[5] Nathaniel Philbrick and Thomas Philbrick (Hrsg.), *The Mayflower Papers: Selected Writings of Colonial New England*, S. 34, Penguin Classics, New York, 2007.

[6] Edward Winslow, *Good Newes from New England (1624)*, ed. Alexander Young, S. 54-56, Applewood Books, Bedford, 1996.

Ein Dankgebet

Ich freue mich, dass Sie mich auf dieser Reise zu einem dankbaren Lebensstil begleitet haben – einem Lebensstil, den Sie den Rest Ihres Lebens führen mögen mit Blick auf die Ewigkeit, die wir mit Danksagung verbringen werden! Zum Schluss möchte ich den Herrn bitten, uns in unserem weiteren Bemühen zu segnen, unserer Berufung, sein dankbares Volk zu sein, gerecht zu werden.

Vater, wir staunen über die Tiefen, in die du gegangen bist, um uns zu erlösen. Wir schaffen es nicht, mit unseren Worten die erstaunliche Gnade zu beschreiben, mit der du uns jeden Morgen neu überhäufst. Und nun, im Licht dieses neuen Lebens in der Beziehung zu dir und anderen, bitten wir dich um deine Gunst und deinen Segen, dass wir darin auch leben können. Wir brauchen deine Hilfe, denn ohne das erlösende und heiligende Werk Christi für und in uns schaffen wir es nicht, dir zu gefallen oder ein Leben in Übereinstimmung mit deinem Wort zu leben.

Wir hörten deinen Geist, der uns aufforderte, die bitteren Klauen der Undankbarkeit zurückzuweisen und die zahlreichen Freuden des Dankes festzuhalten. Möge dein Ruf noch in unseren Her-

zen nachhallen. Mögen deine zahlreichen Segnungen für uns niemals vergeblich sein, sondern zu Lob und Dank ausschlagen, damit wir zu wahrer Anbetung gelangen.

Wenn der Feind an uns herantreten will, wenn Emotionen und Lebensumstände den Dank unmöglich machen wollen, dann bitten wir dich um deine Gegenwart, damit wir wieder durch deine Kraft gestärkt werden. Wenn wir missverstanden werden oder Menschen uns sagen, unser Leben sei realitätsfern, dann wollen wir den Grund unserer Freude in deinem Wort suchen.

Vater, wir beginnen dieses neue Kapitel in unserem Leben in Erwartung und glauben, dass es dein Ziel ist, viele Menschen durch unseren Gehorsam zu berühren. Wir rechnen auch mit vielen Versuchungen, die du in Gelegenheiten zum Segnen verwandeln wirst. Wir wünschen uns, dass deine Treue, Güte und Gnade durch unsere Herzen und Worte des Dankes reflektiert wird. Mögest du in uns durch unsere Dankbarkeit verherrlicht werden.

Wir beten dies im heiligen Namen unseres Retters, Jesus Christus, dem wir alles schulden.

Und eines noch – jetzt und für immer: Danke, Herr!

Anhang

Dankeslieder

Es ist mir eine wunderbare Hilfe in meiner persönlichen Anbetung und Danksagung, wenn ich dem Herrn Loblieder singe. Hier sind einige, die Sie singen könnten. Die Liedtexte und Melodien finden sich in vielen Gesangsbüchern (falls Sie keines besitzen, möchte ich Sie ermuntern, eines zu kaufen). Auch im Internet werden Sie fündig.

Bleibend ist deine Treu (Thomas O. Chisholm; ; Originaltitel: Great Is Thy Faithfulness; deutsche Übersetzung: Wolfgang Zorn)
Danke, mein Vater, für alles, was du schenkst (Diakonissenmutterhaus Aidlingen)
Danke für diesen guten Morgen (Martin Gotthard Schneider)
Dank, o Vater, deiner Gnade (Julius Anton von Poseck)
Kann es denn sein, dass Gott mir gibt (Charles Wesley; Originaltitel: And Can It Be That I Should Gain; deutsche Übersetzung: Thomas Campbell)

Lasst uns danken, statt zu klagen (Margret Birkenfeld)
Schönster Herr Jesus (Münster Gesangbuch)
Singt mit mir ein Halleluja (Thomas Eger)
Stille, mein Wille (Katharina von Schlegel)
Welch ein Freund ist unser Jesus (Joseph Medlicott Scriven; Originaltitel: What a Fried We Have in Jesus; deutsche Übersetzung: Ernst Heinrich Gebhardt)
Wenn Friede mit Gott (Horatio Spafford; Originaltitel: When Peace Like a River Attendeth My Way, deutsche Übersetzung: Theodor Kübler)
Wie groß bist du (Carl Boberg; Originaltitel: O Store Gud; deutsche Übersetzung: Manfred von Glehn)

Worte des Dankes, die von Herzen kommen

Beim Schreiben des Buches über Dankbarkeit wurde ich wiederholt an meine enorme „Dankesschuld" dem Herrn und so vielen anderen Menschen gegenüber erinnert.

Ich habe bereits versucht, meine Wertschätzung denjenigen gegenüber persönlich auszudrücken, die mir bei der Entstehung dieses Buches geholfen haben, dennoch bin ich dankbar für die Gelegenheit, ihren Beitrag noch einmal hier öffentlich würdigen zu können:

Lawrence Kimbrough sortierte und bereitete die Abschriften meiner Lehrunterlagen zum Thema „Dankbarkeit" vor, einschließlich des umfangreichen Quellenmaterials, mit dem ich ihn „zugeschüttet" habe. Er bewies seine erstaunliche Gabe zum Schreiben der ersten beiden Entwürfe.

Lawrence ist ein demütiger, begabter Diener, und es war mir eine Freude, mit ihm zusammen an diesem Buch zu arbeiten. Seine Handschrift ist auf diesen Seiten erkennbar, und es ist besser geworden, als wenn ich es ohne seine Hilfe geschrieben hätte.

Noch einmal danke ich Greg Thornton und seinen treuen Mitarbeitern bei Moody Publishers, die still und qualifiziert hinter den Kulissen gedient haben, damit dieses Projekt vom ersten Gedanken bis zur Geburt des Buches heranreifen konnte, das Sie nun in Händen halten können. Ich empfinde so viel Liebe und Respekt für das Team der „Bücher-Geburtshelfer"!

Bob Lepine war mir ein Mentor und diente von Anfang an im Beirat von *Revive Our Hearts*. Er war mir zu Beginn eine Hilfe beim Durchdenken der Botschaft dieses Buches und stimmte anschließend wohlwollend zu, die Manuskripte auf theologische Feinheiten zu überprüfen. Sein Bibelwissen und seine Begabung als Sprecher befähigten ihn, wertvollen Input und Hilfe zu geben.

Dr. Robert DeMoss, mein geliebter Onkel und Freund, überprüfte die Manuskripte und machte zahlreiche wertvolle Vorschläge.

Unter der fähigen Leitung von Martin Jones, der das Herz eines Dieners hat, sowie dem gesamten Team von *Revive Our Hearts*, die bereit waren, für längere Zeit zusätzliche Aufgaben und Verantwortung zu übernehmen, damit es mir möglich war, zu recherchieren und zu schreiben. Diese Männer und Frauen sind meine lieben Freunde und Partner im Dienst, und ich kann mir nicht vorstellen, wie es wäre, ohne sie zu kämpfen.

Mike Neises überwacht mit Weisheit und Freundlichkeit die Herausgabe unserer Bücher und ist der Vermittler zwischen uns und unseren Freunden bei Moody Publishers. Meine Chefassistentin, Sandy Bixel, deckt so viele Bereiche ab und kümmert sich für mich um mehr Aufgaben, als irgendjemand es je ermessen könnte. Dawn Wilson, Texterin für *Revive Our Hearts*, half beim

Überprüfen einer riesigen Anzahl von Details, Illustrationen und Quellen für dieses Projekt.

Durch ihr beständiges Gebet und ihre unermüdliche Ermutigung sind meine lieben Freunde im Gebet der Wind unter meinen Flügeln.

„Ich danke meinem Gott bei jeder Erinnerung an euch ... wegen eurer Teilnahme am Evangelium vom ersten Tag an bis jetzt.“
Philipper 1,3.5

Heiligung
Gereinigt von Gott
Pb., 176 S., 13,5 x 20,5 cm
Best.-Nr. 271 163
ISBN 978-3-86353-163-8

Die erfüllende Gemeinschaft mit Gott erfahren wir dann, wenn unser Leben heilig und unser Herz rein ist. Nancy Leigh DeMoss zeigt praktische Prinzipien, wie wir ein Leben führen können, das für Gott abgesondert ist, und ein Herz bekommen, das für ihn brennt.

Hingabe
Regiert von Gott
Pb., 160 S., 13,5 x 20,5 cm
Best.-Nr. 271 162
ISBN 978-3-86353-162-1

Hingabe – das ist der erste Schritt zu einem tiefen, reichen und sieghaften geistlichen Leben. Die Autorin zeigt, dass Gott nur dann den Sieg geben kann, wenn man ihm sein Herz, seine Seele, seinen Körper, seine Ziele – einfach alles – übergibt.

Zerbruch

Neu belebt von Gott

Pb., 160 S., 13,5 x 20,5 cm

Best.-Nr. 271 164

ISBN 978-3-86353-164-5

Bevor Gott Erweckung im Leben von Menschen schenkt, gibt es immer eine Zeit tiefer Buße. Lesen Sie die bewegenden und wahren Berichte darüber, wie Gott diesen Zerbruch in Menschen bewirkt hat – und wie darauf eine erstaunliche geistliche Neubelebung folgte.